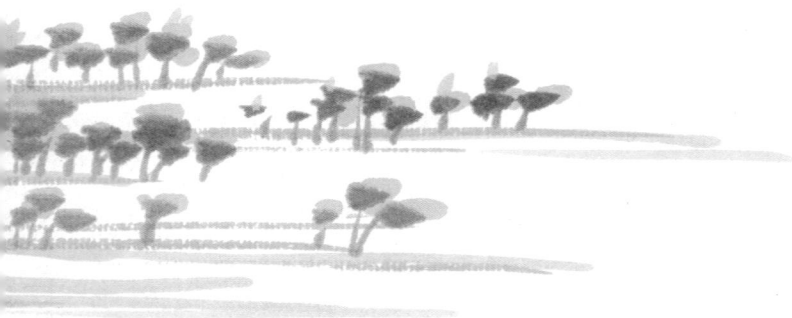

大师教我学知识

文心选编

夏丏尊 著
叶圣陶 著
丰子恺 图

人民文学出版社　天天出版社

图书在版编目（CIP）数据

文心选编 / 夏丏尊, 叶圣陶著. -- 北京：天天出版社, 2016.5
（大师教我学知识）
ISBN 978-7-5016-1102-7

Ⅰ.①文… Ⅱ.①夏… ②叶… Ⅲ.①阅读课—小学—课外读物
②作文课—小学—课外读物 Ⅳ.①G624.203

中国版本图书馆CIP数据核字(2016)第062567号

责任编辑：张新领　　　　　　　　　美术编辑：林　蓓
责任印制：康远超　张　璞

出版发行： 天天出版社有限责任公司
地址： 北京市东城区东中街42号　　　　　**邮编：** 100027
市场部： 010-64169902　　　　　**传真：** 010-64169902
网址： http://www.tiantianpublishing.com
邮箱： tiantiancbs@163.com

印刷 天津市豪迈印务有限公司　　　　**经销** 全国新华书店等
开本： 710×1000　1/16　　　　　　　　　**印张：** 12
版次： 2016年5月北京第1版　**印次：** 2021年1月第2次印刷
字数： 120千字　　　　　　　　　　**印数：** 10,301-20,300册

书号： 978-7-5016-1102-7　　　　　　**定价：** 25.00元

出版说明

叶圣陶先生（1894—1988）是我国20世纪杰出的作家、教育家和出版家，他的一生跨越晚清、民国和新中国三个时期，从事教育、编辑和出版工作长达六十余年。他是我国近现代史上一些重大变革的"亲历者"和"参与者"，也是20世纪一系列重大教育出版活动的领导者、决策者和组织者，他为文学、语言、教育、出版等事业做了许多切实的工作。

叶先生1912年开始杏坛生涯，1930年底在开明书店工作时开始编辑语文书籍和儿童故事书。由叶圣陶先生编撰的上海开明版国语读本，至今仍为很多人欣赏。在教学和编辑之余，叶先生还笔耕不辍，写下了大量儿童文学作品，深受小读者们的喜爱，影响了一代又一代孩子的成长。

凭借丰富的教学实践和写作经验，叶先生留下的《作文论》《语文随笔》等著作从多角度多侧面地介绍语文知识和写作技巧，通过实例讲述学习语文和写作的成功诀窍和失败的根源，无不体现出他深厚扎实的理论学养和亲切朴实的教学思想。

为了提高今天的小学生们的语文水平和动手

动脑的综合能力，提高孩子们对阅读的兴趣，培养孩子们的审美能力，我们经叶圣陶先生的后人授权，从叶先生的《作文论》《语文随笔》等经典著作中，选编出适合今天小读者阅读的部分内容，重新汇编成这套"大师教我学知识"。叶先生当年提出的问题，倡导的方法，解决的方案，都具有普遍性和针对性，时至今日，依然有着鲜明的现实意义和借鉴意义。

"大师教我学知识"已经推出四本，分别为《怎样学语文》《怎样写作文》《怎样爱科学》《怎样做数学游戏》，包括语文、作文、音乐、美术、运动，甚至玩具制作、模型制作等内容，实例安全便捷，语言通俗易懂。现在，我们继续推出夏丏尊、叶圣陶两位大家关于阅读和写作的经典著作。

这套书采用全彩印刷，除保留原有插图之外，在部分篇章中还重新插入了我国漫画大师丰子恺先生（1898—1975）的一些精美儿童漫画。丰子恺先生生前曾经多次为叶圣陶先生的著作配图。二人的合作珠联璧合，受到广泛赞誉。

编辑在审稿过程中，仅对原稿印刷上的某些错讹、不规范的字词和标点等进行了校正，其他皆保持原貌。

由于才疏学浅，难免会有疏漏，敬请方家指正。

目 录

一 "忽然做了大人与古人了"

正午十二时的下课钟才打过，H 市第一中学门口蜂也似的拥出许多回家吃午饭去的学生。女生的华丽的纸伞，男生的雪白的制服，使初秋正午的阳光闪耀得愈见明亮。本来行人不多的街道，突然就热闹起来。

"从今日起，我们是初中一年生了。上午三班功课，英文仍是从头学起，算学还是加减乘除四则，都没有什么。只有国文和我们在高小时大不同了，你觉得怎样？"周乐华由大街转入小巷，对同走的张大文说。

"我也觉得国文有些繁难。这恐怕不但我们如此，方才王

先生发文选时，全级的人看了似乎都皱着眉头呢。"

"这难怪他们。我和你在高小时对于国文一科总算是用功的，先生称赞我们俩在全级中理解力最好，尚且觉得够不上程度。"

"今天发出来的两篇文选，说叫我们预先自习。我方才约略看了几处，不懂的地方正多哩。你或者比我能多懂些吧。"

"哪里哪里。反正今天是星期一，王先生方才叫我们在星期三以前把那篇白话体的《秋夜》先预备好，还有一天半工夫呢。我回去慢慢地预备，真有不懂的地方，只好去问父亲了。"

"你有父亲可问，真是幸福。我……"失了父亲的大文不禁把话咽住了。

"我的父亲与你的父亲有什么两样？你不是可以常到我家里去，请我父亲指导的吗？今晚就去吧，我们一同把第一篇先来预备，好不好？——呀，已到了你家门口了。我吃了饭就来找你一同上课去。下午第一班是图画吗？"乐华安慰了大文，疾步走向自己家里去。

周乐华与张大文是姨表兄弟，两人都是十四岁。周乐华家居离H市五十里的S镇，父亲周枚叔是个中学教师，曾在好几个中学校里担任过国文功课。新近因为厌弃教师生涯，就在H市某银行里担任文牍的职务。

暑假时乐华在S镇高小毕业了，枚叔因为乡间没有中学，

自己又在银行里服务，不能兼顾 S 镇的家，就将全家移居 H 市，令乐华投考第一中学初中部。张大文原是 H 市人，自幼丧父，他的母亲因大文身体瘦弱，初小毕业后，即依从医生的劝告和亲戚间的商议，令其转入乡间的 S 镇小学校去住读，只在年假暑假回到 H 市来。乡居两年，大文在高小毕业了，身体也大好了，便留在 H 市与乐华同入第一中学。两人既是亲戚，两年以来又同级同学，情谊真同兄弟一样。

下午课毕后，乐华与大文去做课外运动。阔大的运动场，各种各样的运动器具，比较乡间高小的几有天渊之差。两人汗淋淋地携了书包走出校门，已是将晚的时候了。

乐华走到家里，见父亲早已从银行里回来了。檐下摆好了吃饭桌凳。母亲正在厨下，将要搬出碗盏来。

"今天上了几班课？程度够得上吗？好好地用功啊！"吃饭时枚叔很关心地问乐华。

"别的还好，只是国文有些难。"

"大概是文言文吧，你们在小学里是只读白话文的。"

"不但文言文难懂，白话文也和从前的样子不同。今天先生发了两篇文选，一篇白话的，一篇文言的。白话的一篇是鲁迅的《秋》，文言的那篇叫作《登泰山记》，是姚……做的。"

"姚鼐的吧。这个'鼐'字你不认识吧。姚鼐是安徽人，是前清有名的文章家。"

"先生交代在星期三以前要把这两篇文章预备好呢。"

"吃了饭好好去预备吧。不懂的地方可问爸爸，现在不比从前了。从前爸爸不和你在一起，自修时没有人可问。"乐华的母亲从旁加进来说。

"我也许无法指导呢。"枚叔苦笑。

"为什么？你不是做过多年的国文教师的吗？"乐华的母亲这样问，乐华也张大了眼睛惊讶地对着父亲。

"惟其做过多年的国文教师，所以这样说。一个孩子从小学升入中学，课程中最成问题的是国文。这理由说来很长，且待有机会时再说吧。"枚叔一壁说，一壁用牙签剔牙。

乐华愈加疑惑。恰好大文如约来了。天色已昏暗，乐华在自己的小书房里捻亮了电灯，叫大文进去一同预习。枚叔独自在庭间闲步，若有所想。

两人先取出《秋夜》来看，一行一行地默读下去，遇到不曾见过的字类，用铅笔记出，就《学生字典》逐一查检，生字查明了，再全体通读，仍有许多莫名其妙的地方。

"'墙外有两株树，一株是枣树，还有一株也是枣树。'你懂得吗？为什么要这样说？"大文问乐华说。

"不懂，不懂。下面还有呢，'这上面的夜的天空，奇怪而高。'天空有什么可奇怪的呢？不懂，不懂。字是个个认识的，连接起来竟会看不明白，怎样好啊！"乐华皱起眉头，埋头再细细

默读。

　　这当儿枚叔踱进小书房来。

　　"你们看不懂《秋夜》吧？"

　　"难懂，简直不懂。"乐华、大文差不多齐声说，同时现出请求讲解的眼色。

　　"不懂是应该的。"枚叔笑着说。

　　"为什么学校要叫我们读不懂的文章呢？我们在高小读国语读本，都是能懂的。"大文说。

"让我来告诉你们,"枚叔坐下说,"你们在小学里所读的国语课本,是按照了你们的程度,专为你们编的。现在中学里,先生所教的是选文,所选的是世间比较有名的文章。或是现在的人做的,如鲁迅的《秋夜》,或是古时的人做的,如姚鼐的《登泰山记》。这些文章本来不是为你们写作的,是他们写述自己的经验的东西。你们年纪这样小,经验又少,当然看了难懂了。"

"那么为什么没有人替我们中学生编国文课本呢?"乐华不平地说。

"照理原应该有人来按了年龄程度替你们特地编的,可是这事情并不容易。我从前在中学校教国文时,也曾想约了朋友另编一部中学国文教本。后来终于因为生活不安定,没有成功。你们也许不知道,现在中学以上的教师,位置是很不安定的,这学期这里,下学期那里,要想在一处安心教书,颇不容易。你们的国文教师是王仰之先生吧。他是我的老朋友,是一位很好的教师。他这学期教你们,也许下学期就不教你们了。中学校国文科至今还没有适当的课本,教师生活的不安定也是一个大原因。"枚叔说到这里,似乎感慨无限,聪明的乐华和大文从枚叔的言语中就窥见了他之所以抛弃教师生活的原因。

"你们在中学里就学,全要靠自己用功的了。因为教师流转不定,无论哪一科,教师是不能负责到底的。"枚叔继续说。

"叫我们对于国文科怎样用功啊!既难懂,又没趣味。"大

文说。

"慢慢地来。你们是小孩，是现代人，所读的却是写记着大人或古人的经验的文章。照理，大人的经验要大人才会真切地理解，古人的经验要古人才会真切地明白。你们非从文章中收得经验，学到大人或古人的经验程度不可。"

"叫我们忽然变成大人、变成古人吗？哈哈！"乐华与大文不觉笑起来了。

"现在的情形，老实说是这样。你们还算好呢，从前的人像你们的年龄，还在私塾里一味读四书五经，不但硬要他们做大人古人，还要强迫他们做圣人贤人呢，哈哈！"

"哈哈！"乐华、大文跟着又笑了。

"你们笑什么？"乐华的母亲听见笑声，到房门口来窥看。"外面很凉呢，大家快到外面来，不要挤在一间小房间里。"

于是大家出去，一齐坐在庭心里，这时月亮尚未出来，星儿在空中闪烁着。枚叔仰视天空，对乐华、大文说：

"你们不是正在读鲁迅的《秋夜》吗？现在正是秋夜呢。你看，星儿不是在映眼吗？天不是很蓝吗？现在尚是初秋，一到晚秋，天气愈清，天空看去还要高，有时竟会高得奇怪，还要蓝，有时真是非常之蓝。"

乐华、大文点头，如有所悟。

"鲁迅所写的是晚秋的夜，所以文中表现出萧瑟的寒意，

7

凋落的枣树，枯萎了的花草，避冷就火的小虫，都是那时候实在的景物。他对着这些景物，把自己的感想织进去，就成了那篇文章。景物是外面的经验，对于景物的感想是内部的经验。晚秋夜间的经验，你们是有了的，可是因为平常不大留意，在心里印得不深。至于对于景物的感想，那是各人各异的，小孩子所感到的当然不及大人的复杂，即便同是大人，普通人所感到的当然不及诗人、文人的深刻。你们方才说看不懂鲁迅的《秋夜》，就是经验未到鲁迅的程度的缘故。"

"爸爸，好像比刚才懂了许多了呢。——大文，我们再去预习吧，看还有什么地方不懂的。"乐华拉了大文，再到小书房里去。

两人热心地再看《秋夜》，一节一节地读去，觉得比先前已懂得不少，从前经历过的晚秋夜间的景物也一一浮出在眼前，文中有许多话，差不多就是自己所想说而说不出的。两人都暗暗地感到一种愉快。

"已经看懂了没有？"枚叔又踱进书房来。

"大概懂得了。——啊，大文。"乐华一壁回答，一壁征求大文的同意。

"这一节恐怕你们还未必懂吧。"枚叔指着《秋夜》中的一节读道，"'我忽而听到夜半的笑声，咝咝地，似乎不愿意惊动睡着的人。然而四围的空气都应和着笑。夜半，没有别的人，

8

我即刻听出这声音就在我嘴里，我也即刻被这笑声所驱逐，回进自己的房。灯火的带子也即刻被我旋高了。'这一节恐怕懂不来吧？"

"真的，不懂得。为什么要笑？为什么自己笑了会自己不知道？为什么四周的空气也会应和着笑？"乐华问。大文也抬起头来注视枚叔。

"我方才曾把经验分为两种，一种是外面的经验，一种是内部的经验。外面的经验是景物的状况，内部的经验是作文说话的人对于景物的感想，譬如说天上的星在闪烁，这是景物，是外面的经验。说星在睐冷眼，这是作文说话的人对于星的感想，是内部的经验。外面的经验是差不多人人共同的，最容易明白。内部的经验却各人不同。如果和外面的经验合在一处的时候，比较还容易懂得。像这节，全然是写作者那时个人的心境的，却是纯粹的内部的经验。我们除了说作者自己觉得如此以外，更别无什么可解释的了。"

"那么，爸爸也不懂？"乐华惊问。

"也许比你们多懂得一些。真能够懂的怕只有作者鲁迅自己了。但是鲁迅虽能真懂，却也无法解释给你们听哩！"

才在预习中感到兴趣的乐华与大文，听了枚叔的这番话，好像头上浇了冷水，都现出没趣味的神情。

"这是无可如何的事。诗词之中，这种情形更多，你们将

来读诗词会时时碰到这种境界呢。你们尚是孩子，今后所读的文字却都是现成的东西，不是现代的大人做的，就是古代的大人做的。他们不但是大人而且都是文人，他们只写自己的内外经验，并不预计给你们读的。你们能懂得多少，就懂多少，从文字里去收得经验，学习经验的方法。你们不久就要成大人了，趁早把思考力、想象力练习到水平线的程度，将来才不至于落伍。"枚叔说了就拔步走出。

大文在乐华小书房中又坐了一会儿才回去。乐华送他出门时，笑着说：

"我们忽然做了大人与古人了！"

二　方块字

　　星期三下午接连是两班国文课。王先生讲解选文，采取学生自动的方式，自己只处于指导的地位。先叫一个学生朗读一节，再令别一个学生解释。一节一节地读去讲去，遇有可以发挥的地方，他随时提出问题，叫学生们自己回答，或指名叫某一个学生回答，最后又自己加以补充。全课堂的空气非常活泼紧张。

　　乐华与大文坐在最后的一排。他们已把《秋夜》与《登泰山记》好好地预习过了，什么都回答得出。因为怕过于在人前夸耀自己，只是默默地坐在那里静听同学们的讲读和先生的补

11

充。遇到全课堂无人能回答时，才起来说话。在这两班功课中，乐华与大文各得到两三次开口的机会。王先生都赞许说"讲得不错"。全堂的同学时时把眼光射到他们身上。

在乐华与大文看来，同学们的讲解，有的似是而非，有的简直错误得可笑。最可注意的是王先生的补充了。乐华把王先生所补充的话择要记录在笔记册上，给大文看。他所记的如下：

重复法——一株是枣树，还有一株也是枣树。

　　　　——我即刻听出这声音就在我嘴里，我也即刻被这笑声所驱逐，回进自己的房。灯火的带子也即刻被我旋高了。

拟人法——她在冷的夜气中瑟缩地做梦……

　　　　——鬼映眼的天空越加非常之蓝，不安了，仿佛想离去人间，避开枣树，只将月亮剩下。……

　　　　——苍山负雪。半山居雾若带然。

《秋夜》——写景。状物。想象分子多。文字奇崛。

《登泰山记》——写景。纪行。朴实的记载。文字简洁。

大文自己也有所记，两人彼此交换了看，把重要的互相补充，彼此所记的条数愈多了。

王先生教授时，很注意于文言与白话的比较，他说：

"诸君第一次读文言文，一定会感到许多困难。但是不要怕，普通的文言文并不难。文言和白话的区别只有两点，一是用字的多少，一是关系词的不同。例如，《登泰山记》是文言，开端的'泰山之阳，汶水西流'，如果用白话来说，就是'泰山的南面，汶水向西流着'，白话的字数比文言多了几个。在文言中，一个'阳'字可作'南面'解，'西流'二字可作'向西流着'解，在白话文中却不行。又如'之'字，在白话文用'的'，这是关系词的不同。诸君初学文言须就这两点上好好注意。"

随后王先生就从《登泰山记》中摘出句子来，自己用白话翻译几句给学生听，再一一叫学生翻译。在这时，乐华知道了许多文言、白话用字上的区别。知道"者"就是"的"，"皆"就是"都"，"其'就是"他的"，"也"就是"是"，"若"就是"像"等。

一篇《登泰山记》，由全体学生用白话一句句翻译过以后，王先生又突然提出一个问题来，说：

"《登泰山记》中说，'苍山负雪，明烛天南。'这'烛'字是什么意思？"

"这是蜡烛的'烛'。"一个学生起来说。

"蜡烛？"王先生摇着头。"谁能改用别的话来解释？"

"方才听先生讲过，'烛'是照的意义。"另一个说。

"是的，我曾这样说，'烛'字作照的意义解。但为什么作

13

这样解释呢？有人能说吗？"

全课堂的眼光都集注于乐华、大文两人。大文用臂弯推动乐华，意思是叫他回答。

"因为烛会发光，所以可作照字解。——这是爸爸教我的。"同学们太注意乐华了，使他很不好意思，他便把责任推到自己的父亲身上去。

"对了，'烛'字本来是名词，在这里用作动词了。诸君在高小里，当已知道词的分类，你们入学试验的时候，我曾出过关于文法的题目，大家都还答得不错，词的种类和性质，想来大家已明白了。谁来说一遍看？"

"名词、代名词、动词——动词之中有自动与他动二种，形容词、副词、接续词、介词、助词，还有感叹词。"一个学生很熟地背出文法上品词的名称来。

"不错，有这许多词。"王先生随即在黑板上写一个"梦"字，问道，"'梦'字是什么词？"

"是名词。"一个学生回答。

王先生又把《秋夜》里的"她在冷的夜气中，瑟缩地做梦，梦见春的到来，梦见秋的到来，梦见瘦的诗人将眼泪擦在她最末的花瓣上"几句话写在黑板上，问道：

"不错，'做梦'的'梦'字是名词。下面梦见的'梦'字是不是名词呢？"

“不是，不是。”许多学生回答。可是没有人能说出那些“梦”字的性质来。

“那些‘梦’字和‘见’字联结，成为动词了，”王先生说，“还有我们称一个人睡着了说话叫‘说梦话’，这‘说梦话’的‘梦’，是什么词呢？”

“是形容词。”大文回答。

先生又在黑板的另一角上写了一个“居”字，问：“这是什么词？”

“普通属动词。”一个学生回答。

“那么《登泰山记》中‘半山居雾若带然’的‘居’字呢？是不是动词？”先生问。

“刚才先生说，居雾是‘停着的雾’的意思，那么这‘居’字对于‘雾’字是形容词了。”坐在大文前面的一个学生回答。那个学生名叫朱志青，是和乐华、大文同一自修室的，乐华、大文在同级中最先认识的就是他。

“不错，是形容词。”王先生说到这里，下课钟响了，杂乱的脚步声从左右课堂里发出。先生用手示意，一壁说道：“且慢走，还有几句很要紧的话。——我国文字是方方的一个个的，你们从前幼时，不是认过方块字吗？我国文字没有语尾的变化，真是方块字。什么字什么性质，没有一定，因所处的地位而不同。像方才所举的几个字，都是因了地位而性质变易的。这情形在

15

读文字的时候，要随时留意，尤其是文言文。因为文言文用字比白话文简单，一个字弄不明白，解释上就会发生错误的。"

　　运动场上虽已充满着快活的人声，王先生的课堂里却还没有鞋子在地板上拖动的声音，直到王先生向学生点头下讲台为止。

　　乐华对于王先生所说的"方块字"三个字，很感到趣味，他不但记起了幼时母亲写给他的红色的小纸片，还得到种种文字上的丰富的暗示。与大文回去的时候，走过一家茶店门口，见招牌上写着"天乐居"三个大字，署名的地方是"知足居士书"，又见茶店间壁的一户人家的墙门头顶有"居之安"三字凿在砖上。就指向大文道：

　　"方才王先生说过'居'字，恰好这里就有三个'居'字呢。让我们来辨别辨别看。"

　　"天乐居的'居'是名词，居士的'居'是形容词，居之安的'居'是动词啰。"大文说得毫无错误。

　　"想不到一个字有这许多的变化。我们在高小时只知道名词、动词等的名目，现在又进了一步了。"

　　两人一壁走，一壁注意路上所见到的字，不论招牌、里巷名称，以及广告、标语，无一不留心到。你问我答，直到中途分别才止。

三 题目与内容

星期六的第一班是国文课的作文。许多同学来到这学校里，这还是第一次作文，大家怀着"试一试"的好奇心，预备着纸笔，等候王仰之先生出题目。

天气非常好。阳光从窗外的柳条间射进来，在沿窗的桌子上、地板上、同学的肩背上印着繁碎的光影。王先生新修面颊，穿着一件洗濯得很干净的旧绸长衫，斜受着外光站在讲台上：谁望着他就更亲切地感到新秋的爽气。

"诸君且放下手里的笔，"王先生开头说，"这是第一次作文。关于作文，我要和你们谈几句话。现在我问：在怎样的情形之下，

我们才提起笔来作文呢？"

"要和别地的亲友通消息，我们就写信，写信便是作文。"一个学生回答。

"有一种意见，要让大众知晓，我们就把它写成文字：这比一个一个去告诉他们便当得多。"

"经历了一件事情，看到了一些东西，要把它记录起来，我们就动手作文。"

"有时我们心里欢喜，有时我们心里愁苦，就想提起笔来写几句：写了之后，欢喜好像更欢喜了，愁苦却似乎减淡了。有一回，我看见亲手种的蔷薇开了花，高兴得很，就写一篇《新开的蔷薇》；再到院子里去看花，觉得格外有味。又有一回，

我的姊姊害了病,看她翻来覆去不舒服,我很难过,就写一篇《姊姊病了》;写完之后,心里仿佛觉得松爽了一点。"

王先生望着最后说话的一个学生的脸,眼角里露出欣慰的光,他点头说:"你们说的都不错。在这些情形之下,我们就得提起笔来作文。这样看来,作文是无所谓的玩意儿吗?"

"不是。"全级学生差不多齐声回答。

"是无中生有的文字把戏吗?"

"也不是。"

"那么是什么?"王先生把声音提高一点,眼光摄住每一个学生的注意力。

"是生活中间的一个项目。"朱志青的口齿很清朗,引得许多同学都对他看。

王先生恐怕有一些学生不很明白朱志青的话,给他解释道:"他说作文同吃饭、说话、做工一样,是生活中间缺少不来的事情。生活中间包含许多项目,作文也是一个。"

乐华等王先生说罢,就吐露他的留住在唇边的答语道:"作文是应付实际需要的一件事情,犹如读书、学算一样。"

王先生满意地说:"志青和乐华都认识得很确当。诸君作文,须永远记着他们的话。作文是生活,而不是生活的点缀。"

停顿了一会儿,王先生继续说:"那么,在并没有实际需要的时候,教大家提起笔来作文,像今天这样,课程表上规定

着作文，不是很不自然的可笑事情吗？"

"这就叫作练习呀。"大文用提醒的声口说。

"不错。要教诸君练习，只好规定一个日期，按期作文。这是不得已的办法。并不是作文这件事情必须出于被动，而且必须在规定的日期干的。到某一个时期，诸君的习惯已经养成，大家把作文这件事情混合入自己的生活里头，有实际需要的时候能够自由应付：这个不得已的办法就达到了它的目标了。"

王先生说到这里，回转身去，拿起粉笔来在黑板上写字。许多学生以为这是出题目了，都耸起身子来看。不料他只写了"内容"两个字，便把粉笔放下，又对大家谈话了。

"我们把所要写的东西叫作'内容'，把标举全篇的名称叫作'题目'，依自然的顺序，一定先有内容，后有题目。例如，看见了新开的蔷薇，心里有好多欢喜的情意要写出来，才想起《新开的蔷薇》这个题目；看见了姊姊害病，心里有好多愁苦要想发泄，才想起《■■■了》这个题目。但是，在练习作文的当儿，却先有题目。诸君看到了题目，然后去搜集内容。这岂非又是颠倒的事情吗？"

全堂学生都不响，只从似乎微微点头的状态中，表示出"不错，的确是颠倒的事情"的回答。

"颠倒诚然颠倒，"王先生接下去说，"只要练习的人能够明白，也就没有害处。练习的人应该知道作文不是遇见了题目，

随便花言巧语写成几句，就算对付过去了的事情。更应该知道在实际应用上，一篇文字的题目往往是完篇之后才取定的，题目的大部分的作用在便于称说，并没什么了不起的关系。这些见解很关重要。懂得这些，作文才是生活中间的一个项目，不懂得这些，作文终于是玩意儿、文字把戏罢了。从前有人闲得没事做，取一个题目叫作《太阳晒屁股赋》……"

全堂学生笑起来了。

王先生带着笑继续说："他居然七搭八缠地写成了一篇，摇头摆脑念起来，声调也很铿锵。这种人简直不懂得作文是怎么一回事，只当它是无谓的游戏。其实，这样的作文，还是不会作的好；因为如果习惯了，对于别的事情也这样'游戏'起来，这个人就没有办法了！然而，从来教人练习作文，用的就是类乎游戏的方法，诸君恐怕不大知道吧？刚才看了几页历史，就教他作《秦始皇论》《汉高祖论》，还没有明白一乡一村的社会组织，却教他作《救国的方针》《富强的根源》。这不但二三十年前，就是现在，好些中学校里还是很通行呢。这些题目，看来好像极正当，可是出给不想作、没有能力作的学生作，就同教他作《太阳晒屁股赋》一样，而且对于他的害处也一样。"

又是一阵轻轻的笑声，笑声中透露出理解的欣快。

"所以，我不预备出这一类的题目给诸君作。本来，出题目可以分作两派。刚才提起的是一派。这是不管练习的人的，

22

要你说什么你就得说什么，例如要你论秦始皇你就得论秦始皇；要你怎么说就得怎么说，例如要你说'我国之所以贫弱全在鸦片'，你就得说'我国之所以贫弱全在鸦片'。另外一派就不然，先揣度练习的人对于什么是有话说的、说得来的，才把什么作为题目出给你作。而且这所谓什么只是一个范围，宽广得很，你划出无论哪一个角来说都可以。这样，虽然先有题后作文，实则同应付实际需要作了文，末了加上一个题目的差不多，出题目不过引起你的意趣罢了，所写的内容还是你自己原来就有的。我的出题目就属于这一派。"

王先生说到这里，才在黑板上写出两个题目：

《新秋景色》

《写给母校教师的信》

许多学生好像遇见了和蔼的客人，一齐露着笑脸端详这十几个完全了解的字。有小半就拿起笔来抄录，还有几个随口问道："是不是作两篇？"

王先生一壁掸去衣袖上的粉笔灰，一壁回答道："不必作两篇，两个题目中拣作一个好了。如果有兴致两个都作，那当然也可以的。——你们且慢抄题目，我还有几句话。对于这两个题目，我揣度诸君是有话说的，说得来的。我们经过了一个

炎热的夏季，这十几天来天气逐渐凉快，时令已交初秋，我想大家该有从外界得来的一种感觉，从而想到'这是初秋了'。请想想看，有没有这种感觉？"

"有的，"一个胖胖的学生说，"我家里种着牵牛花，爬得满墙，白色的、紫色的、粉红色的都有。前一些时，早晨才开的花，经太阳光一照就倒下头来了，叶子也软垂垂地没有力气。

有一天上午，已经十点钟光景了，我瞥见墙上的牵牛花一朵朵向上张着口，开得好好地。从这上边，我就想到前几天落过几阵雨，我就想到天气转凉了，我就想到'这是初秋了'。"

"你如果作《新秋景色》这一个题目，你将说些什么呢？"王先生问，声音中间传达出衷心的喜悦。

"我就说牵牛花，"那胖胖的学生不假思索地回答，"牵牛花经得起太阳光照了，这是新秋的景色。"

王先生指着那胖胖的学生对一班学生说："这是他的文字的内容。这个内容不是他自己原来就有的吗？你们感觉新秋的到来当然未必由于牵牛花，但一定有各自的感觉，也就是说，各自的文字各自有原来就有的内容。大家拿出来就是了，这是最便利的事情，也是最正当的事情。"

大部分的学生一时沉入凝想的状态；他们要从他们的储蓄库中捡出一些来，写入他们的文字。有好几个分明是立刻捡到了，眉目间浮现着得意的神色。

"再来说第二个题目。诸君在小学校里有六年之久，对于小学校里的教师，疏远一点的伯叔还没有这般亲爱。现在诸君离开他们，来到这里，一定时时刻刻想念着他们，有许多的话要告诉他们。不是吗？"

全堂的同学有大半是像乐华、大文一样，以前并不在 H 市的小学校读书的，经王先生这么一提，被他勾起了心事，就觉

得非立刻写一封信寄去不可，他们用天真的怀恋的眼光望着王先生，仿佛说："是的，正深切地想念着他们呢！"

一个学生却自言自语道："明天星期日，我定要去看看我的屠先生了。这几天下午总想去，只因在运动场上玩得晚了，一直没有去成。"

"你的屠先生就在本市，"王先生说，"所以明天你可以去看他。他们的先生不在这里，而要同先生通达情意，除了写信还有什么办法？现在我要问从别地来的诸君：写一封信寄给你们的先生，是不是你们此刻的实际需要？"

"是的。"大半学生同声回答。

"信的内容是不是你们原来就有的？换一句说，是不是原来就有许多的话想要告诉你们的先生？"

"是的。"

"那么，我的题目出得并不错。题目虽然由我出，你们作文却还是应付真实的生活。"

王先生挺一挺胸，环视全堂一周，又说："诸君拣定了题目，就在自修的时候动笔。下星期一交给我。作成了最好自己仔细看过，有一句话、一个字觉得不妥当就得改，改到无可再改才罢手。这个习惯必须养成：做不论什么事情能够这样认真，成功是很有把握的。"

下了课的时候，乐华和大文并着肩在运动场上散步。乐华

问道：“你打算作哪一个题目？”

大文说：“王先生说两个都作也可以，我就打算两个都作。”

乐华忽然想起了一个念头，拉着大文的手说：“我们作了《新秋景色》交给王先生看，信呢，我同你两个合起来写，写给李先生，写好了先请我的父亲看过，然后发出。李先生看见我们写的信像个样儿，比以前作文有进步，一定很欢喜的。”

大文听了，跳动着身体说道：“这很好。你我把要对李先生说的话都说出来，共同讨论，去掉那些不关紧要的，合并那些合得起来的，前后次序也要排得好好的。只是，誊上信笺去是不是各写一半呢？”

乐华对于大文这带着稚气的问话发笑了。他说：“这当然只需一个人写好了。你的字比我好，你写吧。”

运动场的那一角忽然发出热烈的呼声，原来有六个学生在那里赛跑，十二只脚尖点着地重又腾起。

“快呀！快呀！”大文回头望见了，便情不自禁地喊起来。

四　一封信

当天晚上九点钟的时候，乐华和大文把寄给李先生的信稿拟好了。他们先把要说的话都说出来，然后互相批评，这几句是不用说的，那几句是可以归并到哪里的。批评过后，再商量哪一段应该在前，哪一段应该在后。造句也共同斟酌，由乐华用铅笔记录下来。他们的心思很专一，淡青色的月光充满庭心，有好几种秋虫在那里叫，在他们都像是另外一个世界里的事。当一个拟成一句句子，另一个给他修正了，彼此觉得满意的时候，兴奋的微笑便浮现在两人的脸上。从前在小学校里，有时也共同作文，全级的同学合作一篇文字，可是，他们感到今夜

的共同写作，那种趣味是绝端新鲜的。

他们的信稿是这样的：

亲爱的李先生：

我们进第一中学校一个星期了。这里的情形，大略已经知道。今天国文先生出一个题目，叫我们写信给母校里的先生。我们知道你是刻刻记念着我们的；就是国文先生不出这个题目，我们也要写信给你了。

这里教我们功课的先生共有七个人，都很好，待我们很和蔼。但是教英文的一位周先生是河南人，他说的虽然是国语，我们却不容易听懂他的话。我们想，往后听惯了一定会懂得的。现在每逢英文课，我们就格外用心听。

各种功课，我们都不觉得难。不过科目多了，需要预习和温习的多，自修的时间也得比以前多了。我们是走读的，在学校里，每天上下午有两点钟的自修时间，回家来又自修一点半或两点钟，也就弄得清清楚楚，没有积欠了。

这里的同学大半是从别地方来的。他们把本乡的各种情形告诉我们，我们的见识增加了不少。我们也把S镇的大略告诉他们。他们听到镇上的那个和尚寺还是唐朝的古迹，都说有机会总要去看一看。

这里校舍很宽大。四面房子，围着中间的花圃。靠东的

29

房子是大会堂，西北两面是教室，南面是办公室、会客室等。宿舍在后面，是两排楼房。运动场在大会堂的东面，陈设着各样的运动器具。我们最欢喜玩那篮球，但是还不大能够掷中；在一个星期里，乐华只掷中了两回，大文只掷中了一回。

好像还有许多话要告诉你；拿起笔来写信，只写了上面的一些，都又好像已经写完了。到底当面谈话要好得多；你说几句，我们说几句，可以把积存在胸中的许多话说个畅快。什么时候能够到你那边去玩几天呢？我们常常这样想。你很忙吧？你是常常忙着的。希望你抽出一点忙工夫来给我们写回信。我们接到你的回信，就像和你当面谈话一般地快活了。你爱我们，一定肯依从我们的要求。

校门外池塘里的荷花还没有开完吧？你说过的，清早起来，站在池塘边，闻那荷叶荷花的清淡的香气，是一件爽快不过的事情。这里校舍虽然宽大，门外却没有池塘，想到这一层，更深切地忆念你那边了。

学生周乐华、张大文同上

乐华看着信稿站起来，嘴里说："请爸爸看去。"

大文转身先走。两人踏着高兴的步子来到枚叔的书房里。枚叔正在那里看新出的《东方杂志》，听了两人的陈述和请求，便把信稿接在手里，同时说："你们两个人'合作'，论理应该

比独个儿写要好得多。"

乐华、大文就站在枚叔的身边，两人的眼光跟着枚叔的眼光在纸面上上下下，好像尚恐有什么错误漏了网，不曾被发觉出来似的。

枚叔看完了，抬起头来对着两人说：

"这封信写得还好，只是有一个错误，必须修改。"

"在哪里呢？"大文带着惊诧问，在他的意思，经过两个

人这么仔细商量，该不至于有"必须修改"的错误了。

"爸爸且不要说出来，待我再来看一遍。"乐华的眼光重又在纸面巡行了。但结果却无所得，回答他父亲的是疑问的瞪视。

"就在第二节，"枚叔指示说，"这一节里，讲到的是中学里的先生。你们以为把讲到先生的话写在一节里，就是有条有理了。不知道这不能一概而论。按照意思讲，开头说七个先生人都很好，待你们很和蔼，接着用'但是'一转折，下面便应该是某一个先生在某一点上不大好的话了。可是你们却说周先生的话难懂。这并不是他为人不好，也并不是他待你们不和蔼啊，怎么能够用了一个'但是'，就同上面一句话连起来呢？"

乐华点头说：

"我明白了，这个'但是'是用错的，这里用不到转折。"

枚叔又给他们解说道：

"作文、说话是一样的，在承接和转折的地方最要留心。一句里边有几个词儿不得当还不过一句的毛病；承接和转折的地方弄错了，那就把一段的意思搅糊涂了。这须得在平日养成习惯，每逢开口说话绝不乱用一个承接的、转折的词儿，一定要辨别了前面后面的意思，拣那适当的词儿来用，这样作文的时候自然不会用错了。"

"那么就把'但是'两个字去掉好了。"大文切心于信稿的修改，他悄然说。

　　"去掉固然也可以，"乐华想了一想说，"但不如把位置调一下。说周先生的话难懂，说我们听它格外用心，这都讲的我们做功课的情形。正好归入第三节里去。爸爸，你说对不对？"

　　枚叔点头称是。接着说：

　　"此外讲到校舍的一节呆板一点，不过这算不得毛病。就全体看来，还有一个批评，就是表达情感不充分。你们和李先生非常要好的，写信时应该有深切地表达情感的语句，这封信的第一节和末了两节有着这类的语句，但都是淡淡的，说不上深切。"

　　"爸爸说得不错，"乐华恍然说，"刚才我们仿佛觉得还有话要说，可是不知道那些话是什么，就把这情形老实对李先生说了。现在听爸爸说了，才知道这原来是嫌自己表达情感不充分的一种心理。"

　　"你们能感到不满足，就好了。这原不是多想便可以成功的事，也不全关于学力。特意求深切，结果往往平平，有时无意中说几句、写几句，重行回味，却便是深切不过的了。关于表达情感，常有这等情形。将来你们写作的经验多了，也就会知道。"

　　"那么这封信要不要寄出呢？"大文问乐华。按照大文的意思，如果重行写过，能够比这一封好，他是情愿再费一点钟工夫来起草的。

　　"那当然寄出，"枚叔抢着回答，"你们有这一些意思要告诉李先生，现在把它写在纸上了，为什么不寄出呢？我刚才说你们表达情感不充分，这是深一层的责备。依一般说，这封信清楚明白，末了两节又有活泼趣味，也就可以了。你们究竟还是初中一年级的学生呢。"

　　乐华说："我们下一次写信给李先生，仍旧先给爸爸看；希望听得爸爸说'比较前一回进步了'。这一封呢，依刚才说的改一下，就寄出吧。"

　　大文这才定了心。他偶然抬起头来，看见窗外的月光，便自言自语道："明天还得作《新秋景色》呢。"

五　小小的书柜

　　这一天是旧历的中秋，大文的母亲先一天就叫大文邀请乐华全家来家里过节赏月。

　　中秋日放学后，乐华就和父亲、母亲同到张家去。天气很好，人人都预期着今宵月光的明澈。乐华尤其兴奋，准备晚上和大文共吟王先生昨日选授的李白的《把酒问月》。

　　到了张家，大文已在门口迎候了。周、张两家虽是亲戚，时相往来，像今日这样的双方全家聚会，却是难得的事，主客都非常高兴。张太太邀周太太入内室去，大文邀乐华和枚叔到书房里坐，大文尚有一个七岁的弟弟，在内室跟着妈妈、姨母

玩耍。

张家原是个世家，上代有好几代是读书的。大文的父亲子渊也是读书人，家产虽越弄越少，书籍却愈积愈多。古旧而宽广的书房中，四壁都是书。六年前子渊突然逝世，张太太因经济困乏，正在无可奈何的时候，曾依了枚叔的主张，将版本值钱的书籍卖去许多部，可是剩下的书籍数量仍旧不少。这藏书总算是张氏一家的纪念品，子渊死后，枚叔每到这书房，不禁感慨无限。

　　大文今夏自乡间回 H 市就学以后，这书房就是他的用功之地。张太太曾再三叮嘱，不许他乱抽架上的书，可是大文总不免要手痒。他瞒过了母亲，好奇地把架上的书抽来翻看，见有看去略能懂得的，就放在自己的案头，案头堆得满满地，除校中所用的各科教本外，杂乱地摆着许多旧书。这中间经史子集差不多都有些，正翻开着的是一部李太白的诗集。

　　"了不得，这哪里像个初中一年级学生的书案！"枚叔踏进书房，看见书案上杂乱的书籍，不禁皱眉苦笑着说。

　　大文面红了，乐华默然地看看大文，又看看枚叔。

　　"能课外读书，原是好事。但乱读是不但无益而且有害的。你们在学校里有许多功课，每日自修又需要好几点钟的时间，课外的余暇很是有限，故读书非力求经济不可。"枚叔说。

　　"那么怎样才是经济的读法呢？"乐华问。

　　"好，趁此机会，我来对你们谈谈读书的方法吧。大文，先把你的案头整理清楚，把许多书仍旧放到书架上去。"

　　大文即着手整理案头，乐华也帮同料理。子渊死后，每年晒书，枚叔都来帮忙。所以书架上的书都经枚叔亲手安排，大约依照门类顺次分别安放，每书都有一定的位次的。经大文抽动以后，有的已弄错了部位。枚叔指挥着大文和乐华，将某书应放在某处一一指导，并把分部位门类的大略情形告诉他们。

　　张太太送月饼出来，见枚叔正指挥大文等清理书籍，书案

上已不像方才的杂乱了，笑着对枚叔说：

"究竟你是内行人，说话有力量。我屡次叫大文不要胡乱取书，他总是不听。张家出了好几代的书呆子，不要大文将来也是书呆子啊。"

"请放心，我正预备和他谈谈。"枚叔安慰张太太。

"请多多指教他。"张太太自去。

大文陪枚叔、乐华吃过月饼，静候枚叔发言；乐华望着整理清爽了的大文的书案，也作同样的期待。枚叔环顾室内，打量了好久，指着一个小小的书柜，对大文、乐华说：

"你们把这小柜子里的书腾出来，按了方才所说的门类，摆上书架去。这些都是词集，应摆在哪一架？"

大文即在摆诗文集的架上依次归并，腾出一些空位，乐华帮同将小柜中的书叠好了去补空。枚叔点头说"好"，一壁把小书柜捧到大文的书案上，靠壁摆好说：

"大文，把这柜子作为你的书架吧。让我来替你选些可读的书进去。"

大文、乐华才知道枚叔叫他们腾清小书柜的理由，焦切地等着枚叔开口。枚叔在书架前踱来踱去地巡视了好几次，先取了一部《辞源》给大文道：

"字典是最要紧的。读书有疑难时可以随时查检。你们以前常用的《学生字典》只有字，没有词，也许不够应用。把这

38

一部和你常用的《学生字典》一起放在柜子里吧。书架上还有《康熙字典》《经籍纂诂》《佩文韵府》《人名大辞典》也都是这一类的书。将来用得着的时候，尽可翻查，但现在却不必放在案头。"

乐华接了《辞源》替大文装在小书柜里，大文跟着枚叔走动。走到摆小说书的架子旁，枚叔立住了说：

"像你们的年龄，读小说故事是很相宜的。我从乐华口里，知道你们在高小时已读过《三国志演义》了。我国的说部之中，有名的还有《水浒传》《镜花缘》《儒林外史》《红楼梦》《老残游记》，这架上都有。先读《老残游记》或《镜花缘》吧。翻译的外国小说故事也该选读，这架上有《鲁滨孙漂流记》《希腊神话》，都是可读的。任你们各挑一部去读。读了一部，再读第二部。"

"让我先读《镜花缘》和《鲁滨孙漂流记》，把《老残游记》和《希腊神话》借给乐华去读，大家读毕了再交换，好吗？"大文说。

枚叔点头，把书从架上取下。乐华很高兴地接了书去，枚叔和大文又走到安放诗文集的书架旁，抽出一部《唐诗三百首》来说：

"你方才不是在读李太白的诗集吗？古来诗人的集子很多，仅只唐人的集子已经不少了，哪能一一遍读呢？还是先读《唐

诗三百首》吧。这部书所收的原只三百首诗，但都是名家的名作，其中分古风、律诗、绝句，你们可先读绝句。诗之外还有词，词原可以不读，如果为求常识起见想读，也好。就读《白香词谱》吧。这里所收的是一百首名词，一百个普通常用的词调。你们到初中毕业，读熟了这些，已尽够了。"枚叔说着，又把《白香词谱》从架上取下，连同《唐诗三百首》交与乐华，叫他替大文装入书柜中。

枚叔忽然在椅上坐下，沉默地向着好几只书架注视了好久，若有所思。大文也默然立在旁边。

"此外还须读些什么呢？"乐华问。

"此外当然还有。第一是经书类。经书是古代的典籍，在我国已有很久的历史，古人的所谓读书，差不多就是读经书。现在你们的读书是为了养成各种身心能力，并非为了研究古籍，目的与古人大异，经书原可不读，只要知道经书是什么性质的东西也就够了。《论语》《孟子》和《礼记》中的《大学》《中庸》普通称为《四书》。《四书》在我国和西洋基督教的《圣经》一样，说话作文时，常常有人引用，其中所包含的是儒家的思想。既做了中国人，为具备常识计，这些也该知道一点。这学年先读《论语》吧。《论语》读毕再读《孟子》。《大学》《中庸》就可读可不读了。"枚叔指示一只书架，叫大文自己寻出《论语》来放在书柜里。

　　"还有子类和史类呢！"乐华居然把方才新收得的部类的知识应用上了。

　　"《论语》《孟子》普通虽称经，其实就是子。诸子当然是值得读的，但在初中时代恐无暇遍读。史书更繁重，普通读书人向来也只读四史，就是《史记》、前后《汉书》和《三国志》。你们正课中已有历史科，用不着再读了。诸子和史书虽不必读，但当作单篇的文章，国文科中会有教到的时候。那时最好能把原书略加翻阅，明白原书的体裁。譬如先生选了《史记》的一篇列传，当作文章来教你们的时候，你们就得乘此机会去翻翻《史记》原书，那时你们就会知道《史记》有多少卷，列传之外，还有本纪、世家、书、表种种的东西。这是收得概括的知识的方法。"

　　"方才大文翻《李太白集》，就是为了王先生昨天选授李白的《把酒问月》的缘故啰。"乐华乘机替大文辩白。

　　"哦，原来如此。很好。大文，以后就用这方法啊。"

　　大文把学校教本也如数装入书柜中去，小小的书柜只剩下十分之三四的容积了。枚叔过去打量了一会，说：

　　"古旧的成分似乎太多了，让我明天和王先生商量，看有什么好的新出的少年读物没有。开明书店发行的《中学生杂志》，是纯粹为中学生办的，明天我去定两份，把一份送你吧。"

　　乐华、大文愈加高兴。

黄昏渐渐侵入室内，窗外传来了"好月亮！好月亮！"的邻儿们的呼叫声。大文、乐华这才重新记起赏月的事来，相将跑出书房去，枚叔也跟着走到中庭。

客堂中已摆好晚餐的酒肴，宾主合起来还不满一桌：大文、乐华心不在吃饭，胡乱吃了一些就跑到中庭去了。张太太和枚叔夫妇彼此絮说家常，谈到两家的先世，谈到儿女的将来。月光映在庭阶上，黄黄的，明暗的界线非常分明。

"人攀明月不可得，月行却与人相随。"这是大文与乐华的吟哦声。

"你听，两个书呆子！"张太太笑向周太太说。

"据说这是昨天先生教他们读过的，是李太白咏月的诗哩。他们似乎已读得很熟了。"枚叔代为说明。

饭后又过了好久，枚叔一家才告辞回去。大文对母亲说月色很好，要同走送他们一程，就和乐华前行。

乐华把大文借给他的两部书用纸包了携着，对大文说："我也要去备一只小书柜呢。"

六　知与情与意

　　"九·一八"东北事变的消息激动了全国的民众，因了当局的退让，民情愈见激昂。其中最感到愤懑的，不消说是青年学生。各地学校纷纷组织抗日会，努力于宣传及抵制日货的工作。

　　第一中学是全市学界抗日协会的一分部，校中师生分隶于总务、纠察、宣传、调查诸科。每科之下又设若干组，分头工作，空气非常紧张。校内到处贴着惊心动魄的标语，课外运动停止了，将这时间改行军事训练，各科教师都暂抛了原有的教程，改授与抗日有关的教材。沈先生于算术科的应用问题中用飞机速率、军舰吨数、食粮分配等做题材，张先生教地理，所

讲的是东北的地势，李先生教历史，所讲的是历来帝国主义侵略我国的情形。校长黄先生、教务主任陈先生从前都曾留学日本，熟悉日本的一切，每星期给学生讲一次日本的国情。

王仰之先生在国文科中所选授的，也都是与抗日有关系的文字。其中有一篇是《中学生杂志》卷头言《闻警》，乐华、大文才知道王先生也是《中学生杂志》的订阅者。

王先生很推许《闻警》一文，他说：

"这篇文字是完全对你们中学程度的青年说的。篇幅虽只千把字，内容很不单薄，尤能表出激昂愤懑的情绪。其中的主旨，叫青年须认识公理，认识帝国主义，认识自己，都切实可行，不是空论。"

乐华、大文、朱志青及女生汤慧修、周锦华因为被推为宣传科中一年级的编辑股员，所以很关心于抗日文字的写作，在课堂听讲时比别人格外留心。

这天接连有两班国文课。第二班上课时，等到王先生讲话告了一个段落，朱志青以编辑股干事的资格立起来说：

"我们五个——周乐华、张大文、汤慧修、周锦华和我——被推为本级的编辑股员，本周《抗日周刊》评论栏的文字，就轮着本级担任，今晚须交卷。我们这篇抗日的文字该怎样作才对？就在这一小时中。请先生给我们些指导，并请同学们给我们些意见。"

阅报室中的不平

全班学生都认为这要求正当得很，王先生也点头说"可以"。

全堂一时沉寂下来，似乎各自在用心想。王先生先开口道："我以为第一步该认清目标。方才那篇《闻警》，是杂志编者对你们中学程度的青年说的。你们在《抗日周刊》上发表的文字，预备给什么人看？"王先生说时，目光注视着汤慧修和周锦华。

"周刊是宣传品，无论什么人的手里都会传到，我们的文字是预备给大众看的，要叫大众起来抗日。"汤慧修回答得很直截。

"对，是预备给大众看的，要叫大众起来抗日。如果你们是军事专家，确有军事上的计划，你们将告诉大众以军事上抗日的方法吧。如果你们是对于外交有知识的，你们将告诉大众以外交上的抗日策略吧。现在你们是中学生，你们叫大众抗日，究竟有什么具体可行的方法没有？叫大众怎样去抗日？"王先生的眼光向全堂四射。

全堂又沉寂了。汤慧修红了脸把头俯着。

"抵制日货啰。"一个胖胖的学生叫作胡复初的回答。

"对，抵制日货，原是抗日的一种易行的手段。但要怎样抵制才有效力？中国抵制仇货不止一次了，每次都虎头蛇尾，此次抵制失败该怎么办？你们都已有了方案没有？"

胖胖的胡复初把头俯下了。全堂又沉寂。

"请大家不要听了我的话就失望。"王先生故意露了笑容继续说，"文章仍是有法做的，我方才的话只是说要把作文的方向弄个明白而已。你们回答的话，其实都不算怎么错。"

课堂中的空气突然活跃了。汤慧修、胡复初都把头抬起，全体学生注视着王先生，露着急切期待下文的神情。

"我们的心的作用，普通心理学家分为知、情、意三种。知是知识，情是感情，意是意欲。对于一事物明了它是什么，与别的事物有什么关系，这是知的作用。对于一事物，发生喜悦、愤怒或悲哀，这是情的作用。对于一事物，要想把它怎样处置，

这是意的作用。文字是心的表现，也可有三种分别，就是知的文、情的文与意的文。关于抗日事件，外交上、军事上的具体办法，抵制日货的切实方案，这是知的方面的事，我们在这些方面当然不很有明确的知识。这类文字，只好让专门家去执笔。我们对于东北事变，知的方面虽还缺乏，但情与意的方面是并不让人的。谁对于日人的暴行不愤激呢？谁不想对日人的暴行作抵抗呢？我们该明白这道理，从情与意的方面来说话。我们的文字是宣传品，是给大众看的。我们该以热烈的感情激动大众，以坚强的意志鼓励大众，叫大众也起来和我们一起抗日！"王先生这段长长的话，前半说得态度很平静，后半却越说越激昂起来。

数十个人头一些都不摇动，直到王先生说完了这一段的话为止。五个编辑股员听毕了王先生的话，不约而同地都吐出一口安心的气来。

"从情、意方面去说话，但是须注意，"王先生又继续说，"情意与知识，虽方面不同，实是彼此关联的。情意如不经知识的驾驭，就成了盲目的东西。这几天街上到处都贴着标语，大家一定都看见的了，有的写着'扑灭倭奴！'有的写着'杀到东京去！'骂日人为'倭奴'，是愤恨的表示，是情。想要'扑灭'日人，想要'杀到东京去'，是一种希求，是意。可是按之实际，这种说法都是一厢情愿的胡说，其可笑等于乡下妇女骂人'你

是畜生！''杀千刀的！'试问：骂人家'畜生'，人家就会成'畜生'了吗？骂人家'杀千刀的'，人家真会被'杀千刀'了吗？这都是单逞情意，不顾知识的毛病。"

全堂哄笑声中，下课铃响了。不久，操场上传来召集的喇叭声。朱志青叫住乐华、大文及汤慧修、周锦华暂留在教室里。

"就在这两点钟以内大家来商量商量把稿子做好吧。让我到军事训练班上去告假。"说着就去了。

朱志青回到教室，就说："请先把大意商定，推一个人起草，然后再共同斟酌吧。"说着，拿了粉笔立在黑板旁，等大家开口。

"第一节当然是先叙述经过情形。因为若不叙述，话就无从说起。"汤慧修说，"不过这叙述要简单，只要几句话就够了。"

其余诸人都点头。朱志青就在黑板上写道："简叙经过情形。"

"其次说什么呢？"朱志青问。

"其次当然要表示愤恨了。姑且写'感言'二字吧。"大文说。

朱志青照写在黑板上。

"对于政府的依赖国联，似乎也该责备几句。"乐华说。

"还有张学良的不抵抗，也可连带在这里说及。"周锦华说。

"我们的文字，是要叫大众抗日的，对于大众，似乎该抱一种希望吧。"朱志青一壁写一壁"责政府""责张学良"，最后写道"对于大众的希望"。

　　大意完成了，推汤慧修起草。汤慧修也不推让，走到教室一隅的座位上执笔俯首就写，周锦华靠在旁边看她。朱志青与大文、乐华凭窗看同学们在操场上受军事训练。

　　汤慧修起草完毕，交给大家看，大家看了都满意，只略略更动了几个字就通过了。汤慧修主张大家到王先生房里去，请他看一遍。

　　五人到王先生房中时，王先生正满身浴着殷红的夕阳，在窗口埋着头不知翻查什么。案上除了最近一期的《中学生杂志》和高高的一叠作文本以外，杂乱摊着《中国外交史》《国际现势》《日本研究》《约章成案汇览》《帝国主义》等的书册。

　　朱志青申述来意，把稿子交给王先生。

　　王先生含笑点头把稿子接去看。那稿子是这样的：

　　　　上月十八日的夜间，日本军队攻击沈阳的北大营，这好像一个流氓开始伸出他的拳头，他要大大地逞一回凶了。果然，沈阳就在当夜被他们占据去了。二十一日，吉林省城又被占据。辽、吉两省的重要地方，十几天内，也接连地失去不少。我们翻开地图来看，辽宁、吉林明明是我国的土地，那里住着百千万我们的同胞。但是，此刻在那里杀人放火的是日本的军队，此刻在那里奔跑示威的是日本的战马和炮车，而此刻在那里呼号啼哭受尽痛苦的是我们的同胞！想到这

49

里，心中的愤恨像火一般燃烧起来了。

日本帝国主义是我们的仇敌，我们要有结实的拳头来对付他！但是，我国的政府却去告诉国际联盟，要国际联盟出来说话。国际联盟原来是各帝国主义的集合团体，流氓与流氓是一伙儿，对于我们难道会有好处么？

东北军事长官的不抵抗也是万分可恨的事。花费了民众的赋税，养了许多的兵，制造了许多的军械，敌人来了，却老着脸说"不抵抗'，要他们做什么用！

现在，全国同胞的愤恨都像火一般燃烧起来了。军事长官不抵抗，政府要告诉国际联盟，我们同胞自会伸出拳头来对付敌人的！中国究竟是全国同胞的中国啊！

"很好，就这样去交卷吧。"王先生看毕说。

过了一歇，王先生又苦笑着说："外国人讥诮我们中国是'文字之邦'，我们只能用文字去抗敌，大家应该怎样惭愧啊！"

五人都像背上被浇了一盆冷水，俯首退出。乐华出了校门，在归途上还深深地觉得无可奈何，心里屡次自问道："我们只能用文字去抗敌，大家应该怎样惭愧啊！"

七 日 记

　　东北的事变愈弄愈大，民众在激昂的情绪中过了国历的新年，又到了废历的年边。第一中学虽已照章放寒假，但抗日会的工作并不中辍，并且愈做得起劲，师生都趁了闲暇，分头努力，把整个的时间心力集中在这上面。

　　乐华的父亲枚叔因行务须赴上海。从 H 市到上海，只需乘半日火车就到。乐华家有好几个亲戚都在上海工商界服务，他们已先后迁居上海，子弟们就在那里求学。其中有许多自幼与乐华很莫逆，小朋友间时有书简来往的。这次枚叔因事赴上海，适值学校放假，就带了乐华同去，一则想叫乐华领略领略大都

市的情形，二则也想叫小朋友们有个会晤的机会。乐华就向校中抗日会编辑股告了假，很高兴地随着父亲去了。

乐华父子到上海去的第二日，"一·二八"事变的警报就传到 H 市。"日兵侵犯闸北""十九路军抵抗胜利""日兵用飞机在闸北投炸弹""闸北已成焦土"，诸如此类的标题，连日在报上用大大的字载着。每次由上海开到的火车都挤得不成样子，甚至连货车、牲口车都塞满了人。消息传来，都说日兵如何凶暴，十九路军如何苦战，中国人民如何受伤害。H 市人民大为震动，有家属戚友在上海闸北的更焦急万状。

乐华的安否，很使小朋友们担心。据大文所知，乐华家的亲戚有好几家都在闸北，乐华动身以前，曾和大文说过，到上海后预备与父亲寄寓在闸北宝山路母舅家里。闸北既为战场，乐华是否无恙，同学中与乐华要好的都不放心，最焦切的当然是大文。大文每日到车站去打听，遇到从上海来的避难者，就探问闸北的情形，愈探问愈替乐华着急，整日到晚盼望乐华有信来。可是因为上海邮局也靠近战区，邮件不免被延搁了。

又过了几日，大文到学校去，照例顺便到乐华家里探问乐华的消息，但见乐华的母亲的神情已不如前几日的愁苦了。据她说乐华父子已避入租界，且交给他乐华附来给他的一封信。这信是托一个逃难回 H 市的亲戚带来的。

大文急把信拆开来看。信是用铅笔写的，信笺是日记册中

扯下来的空白页，信以外还有厚厚的一叠日记空白页，用铅笔写着很细的文字。

信中说，"不料我到上海来就做难民。现已与父亲随母舅全家逃出闸北，住在□□旅馆。"又说，"父亲原想叫我先回 H 市，近日火车轮船都极挤，闻有被挤死的，舅父母不肯放我走。"又说，"这次的经历，在全中国人，在我，都值得记忆。我前次曾和你想找个叙事文的题目，找不出来，现在居然遇到这样的大题目了。"又说，"我从日记册中把这几日的日记摘抄了送给你，你看了也许会比看报明白些吧。"又说，"王先生叫我们写日记，不料我的第一册日记，就要以如此难过的文字开始。"

又说，"请把这记录转给王先生和志青、慧修、锦华几位看看，如果他们觉得还有意义，就登在《抗日周刊》上，作为我所应该担任的稿件吧。"最后又说，"我近来痛感到我自己的无用，日人杀到了我的眼前，我除痛恨他们的凶暴以外，并不能做什么有效的抵抗行动，真是惭愧。"

大文把信看完，因为急于想把乐华的消息转告同学们，匆匆地就走，一壁走一壁读着乐华的日记。

过了二日，第一中学的《抗日周刊》上登载着乐华寄来的记录，题目是《难中日记》。

一月二十八日

半日的火车，除看风景外，全赖携带着的《老残游记》和父亲中途购得的当日上海报纸消遣。报上已载日本海军因华人抗日向上海市长提出抗议的消息。车中议论纷纷，都说上海会有不测。到上海后，父亲带我至宝山路母舅家去。宝山路上但见纷纷有人迁居，形势很是严重。到了母舅家里，舅母正和表姊在整理箱箧，似乎也预备要迁。我们才坐下，舅父、表兄都从外面回来，说市长已答应了日人的要求，不会再有事，不必搬了，劝我们就住下。全家于是去了惊慌之念，来招呼我们。晚饭后父亲想出去接洽事务，因外面已戒严，走到弄堂口即回来，舅父虽解释说闸北戒严是常事，大家总不能安心。门外什

么声音都没有，比乡村还静，不到九点钟，我们全睡了。

一月二十九日

昨晚大约在十二点钟左右，舅父忽然叫醒我们说：似乎有枪声，大家不要熟睡。我们醒了后，果然继续听见了一种比鞭炮还尖锐而沉着的声响。父亲和表哥都说的确是枪声，看来已经开火了。呀，竟免不了要接触！心里不觉感到一些恐怖。隔不了几分钟，枪声竟连续而来了，并且还有机关枪的声音夹杂在里面。舅父说睡在楼上危险，应该到楼下去。于是我们就在外面机关枪声连发时，每人顶了一条被头，匆匆地走下楼去，就在客堂的地板上胡乱睡下。外面的枪声一直延续着，没有停止的时候。我们睡在地板上，除了一个还只五岁的表弟外，谁都睡不着。我的胆量素来并不算小的，可是今天晚上却无论如何不敢把头伸出到被外，身子在被里老是瑟瑟地抖，头上身上全是汗珠，把一件衬衫都湿透了，呼吸几乎窒塞。每当枪声稍为和缓一些或者稍为远了一些时，便把头探出被来透一口气，正在觉得略为舒适的时候，常常是一声极响的枪声把我的头又吓进被头中去。挂在墙上的钟，一点，两点，三点，四点，没有一次的敲响不钻进我的耳里。但愿天快些亮。

过了四点，除了枪声、机关枪声外，又加入飞机声和自飞机上掷下来的炸弹声。飞机声，我虽则平常早已听见过，可是

这样的逼近，却是第一遭，飞机内马达开动的震动声都听得十分清楚，不但机叶扫动空气的风声而已，竟可说是活像一辆汽车在门外开过。在这样的响声继续了半个多钟头后，室内忽然非常明亮，我起初还疑心是谁开了电灯，经父亲的说明，方知这是飞机里的探照灯的光线。表哥起来到窗边去偷看了一下，据说，飞机低得仿佛就在屋顶上，连里边的人都看得很清楚呢。

苦苦地挨到了天亮，大家商议怎样逃出这险境的方法。又是表哥起来先到门外面去探听，他回来说，前面宝山路无法通行，只有从后面出去，还可想法。于是大家胡乱吃了一些早饭，便空手走出后门。向西走去，到了中山路，枪炮声是比较远得多了，可是飞机还是要来到头顶上盘旋，我们只好贴近墙壁走路。路上的人多极了，和我们一样，全是"逃难"的。昨天晚上下过雨，地上滑湿得很，走路实在不易。我们随了大众一直向西走去，据说，到了曹家渡，可转入租界；然而又没有人走过这条路，只有像哥伦布航海那样，向前走去是了。走了大约一个钟头的辰光，两腿已经有些酸了。路上没有黄包车可雇，舅父花了三元大洋，才雇到两辆小车。我们盘膝分坐在两辆车上，大约在十点钟左右，终于到达曹家渡了。通租界的那座桥上，有武装的外国兵防守着，向了桥这边瞄准着，靠在叠得很高的沙袋上，只要这边有一些动静，他们只要手指头在枪机上一扳，随时就可给我们以一个扫射。我们这许多人小心翼翼地通过了

这桥。过桥据说就是租界，大家都透一口气，似乎已经获到了安全的保障了。我们平常喊收回租界，现在又要躲到租界里来，我深深觉得矛盾。

我们换乘公共汽车到中心区去找旅馆。旅馆都早已客满了，费了"九牛二虎"之力，才在一家小客栈内得到一间小小的房间。

下午，跟了父亲去打听消息。在路上，只见满是来来往往的行人。走到河南路，忽然有许多黑色的纸灰从天空落下来，我拾起一片来看，原来就是我用惯了的《辞源》的一页。听路人说，闸北商务印书馆被焚毁了。

夜报上详载着闸北焚烧的消息，商务印书馆被毁证实。舅父及表兄都是在该馆服务的，一家突然失去生活的根基，愤懑可知。父亲傍晚从朋友处回来，似乎很有忧色，不知听到什么消息了。

一月三十日

昨夜睡得很酣，虽则那么多的人挤在一起。夜半，曾隐约地听到隆隆的炮声。

一起身，表哥便出去买进一份报来，大字的标题，说我十九路军胜利，大家都为之一乐。舅父说我们个人虽则吃了些苦，只要于国家有利，那么，就再多牺牲一些，也是情愿的！

在旅馆里实在没有事可做，只好跟了父亲到外边去瞎走。

外边市面是全无了，店家都已罢市，门上贴一张红色印刷的纸条，写着"日兵犯境，罢市御侮"八个大字。惟有卖报的生意大好。有日报，还有夜报及号外，差不多每个行人手里都有一张报纸。

外面盅传粮食将起恐慌。各处的交通差不多都已断了，惟有沪杭路还通着，北站听说已被烧，火车只到南站。父亲颇想邀了舅父全家一同回 H 市。同旅馆中曾有人从南站折回，说车子无一定班次，妇人小孩竟有在车上被挤死的。报上又载着日飞机在南站一带盘旋的消息。看去一时不能脱出上海的了。

夜间炮声甚烈，玻璃窗震动得发响。

乐华寄来的日记原不止三日，这期的《抗日周刊》上只登了这些，末尾注着"未完"二字。

八　诗

　　"一·二八"事变引起了金融恐慌，各业周转不灵，公债的价格暴落，公债交易所至于停市。各地靠公债投机为业务的银行纷纷倒闭。乐华的父亲所服务的 H 市某银行也是其中之一。乐华随父亲回 H 市后不久，父亲就失业了。

　　乐华本学期的学费是从母亲有限的储蓄项下支出的。母亲把那笔钱交给乐华时曾说：

　　"如果你父亲在 H 地方一时找不到职业，下半年也许非搬回乡间去不可，你也许不能再进第一中学了。这学期要格外用功啊。"

国难与家难逼迫得乐华很兴奋。枚叔虽不免烦闷，表面却仍泰然自若，除偶然出去探望朋友外，长长的春日，闷在家里，全靠读书消遣。陶渊明的集子是枚叔近来常放在案头的。乐华每当放学回来，常见父亲坐在案前读书，近拢去看，所读的老是一本《陶渊明集》。乐华乘父亲不在家时，也曾取《陶渊明集》来随便翻看，词句间虽偶有看不懂的，大致都已无困难，觉得比别人的诗容易读得多。其中描写田园景物诸佳句，尤中心意。一种冲淡幽玄的情味，被乐华尝到了。

"母亲说，下半年也许非搬回乡间去不可，就回乡间去吧。读书种田，清贫过活，趣味多好！人格多高尚！"这是乐华不曾出口的话。

有一天，王先生选了陶渊明的《归园田居》六首给学生读，几月以来，报上的国难记载与所选读的激昂慷慨的文字，已使学生们的情绪紧张到了极度，突然读这几首诗，都感到异常的松快。犹如战士们从火线上下来，回到故乡一样。乐华的感兴又与别的学生不同，在他，这几首诗已不只是空泛的憧憬，简直想认作实际生活的素描的图案了。

在放学的归途上，乐华与大文谈这几首诗的趣味与陶渊明之为人。且说父亲近来也在每日读陶诗。又把自己近来的感想告诉了大文。

"到我家里去歇一会儿吧。让我们请父亲讲些关于陶诗的

话。"乐华在自己门首邀住大文。

乐华和大文走进自己家里，枚叔在西窗下案前坐着。夕阳半窗，柳丝的影子在窗子玻璃上婀娜地摆动，案上正摊着陶诗。

"爸爸，我们今日也在读陶渊明的诗呢。王先生选了《归园田居》六首。"乐华说。

"哦，"枚叔就案上把陶集翻动，很快地把《归园田居》翻出了，指着说，"是这几首吧。你们读了觉得怎样？"

"很好！"乐华、大文差不多齐声说。

"陶诗原是好的，我近来也常在读着。但于你们也许不好。我想，王先生选陶诗给你们读，目的大概是供给常识，叫你们知道有陶渊明这样的人，知道有这一种趣味的诗而已。"

乐华、大文都露出疑惑的表情，尤其是乐华好像失去了将来的目标，不禁把近日所怀抱的意思吐露了出来说：

"我觉得过陶渊明那样的生活很有趣味。"

"别做梦吧。在陶渊明的时候，也许可有那样的生活，你们现在却已无法学他。陶渊明派的诗叫作田园诗，田园诗自古在诗中占着重要部分，从前都市没有现在的发达，普通的人都在田园过活一世，他们所见到的只是田园景物，故田园诗有人做，有人读。现在情形大不同了。大多数的人在乡间并无可归的'园田'，终身局促在都市'尘网'之中，住的是每月多少钱向房东租来的房子，吃的是每石十几块钱向米店购来的米，穿的是别人替我们织好了的绸布，行的是车马杂沓的马路，'虚室''桑麻''丘山''荆扉'……诸如此类的辞藻，与现在的都市人差不多毫无关系。我们读田园诗时觉得有兴趣，只是一种头脑上的调剂，这情形和都市的有钱人故意花了钱到乡间去旅行一次一样。老实说，只是一种消遣罢了。"枚叔说了苦笑，随手把陶集翻拢。

"那么我们不能回乡间去了吗？母亲曾和我说过，如果爸爸在 H 市找不到事情，下半年也许非回乡间不可呢。"

"如果不得已，原只好回去，但要在乡间过生活，即使你将来会拿锄头，也很困苦吧。你须知道：现在的乡间决不再会有陶渊明，也决不能再有《归园田居》那样闲适的诗。时代有一定的特色，读古人的书须留心他的时代，古人原并不对你说谎，但你一不小心也许会成为时代错误者，上很大的当呢。"

乐华、大文听了这一番话，都似乎大大地感到失望：胸中新收得的闲适的诗趣全失，换进去的是俗恶的现实的悲哀。枚叔忽然走到书柜前面，从许多小册子中抽出一本书来，坐在案前翻寻了一会儿，把书页折了两处，对乐华、大文说道：

"这是一本翻译的新俄作家的诗选。这折着的两首你们去看看。"

乐华、大文把书接来看时，第一首是莎陀菲耶夫的《工场的歌》：

> 我今天才感到了，今天才知道了，
> 这里的工场是每天有热闹的狂欢节祭的。
> 每天在一定的时刻举行歌宴——
> 穿工作服的客，声响与轰击，歌与跳舞，
> 声响与轰击，没有言辞，只有音响的谐美的话声，
> 沉醉而高兴着似的车轮的整齐的有节奏的舞蹈。
> 每天往工场去，往工场去是愉快的。

懂得铁的话，听得天启的秘密，是愉快的。

在机械旁边，学着粗暴的破坏的力，

学那不绝地构成那光明的新的东西的力，是愉快的。

两人读毕以后，面面相觑地惊异起来，急急地再去翻第二处折着的书页，那是加晋的《天国的工场》：

青石的工场

高而又广阔。

啵！刀劈一般的警笛

以沉重的声调鸣叫着。

于是从各隅

穿着黑的，污秽的厚的工作服

以风一般的警笛结合着的

力强的锻冶工的群，急忙着来了……

天空是愈黑暗了。

暗黑的群众汇合着，

即刻迅速地

用了气闷的炎热，

将电光的熔矿炉

赤红地燃烧着。

> 于是快活的锤声
>
> 将广阔的工场颤动了。

两人看毕仍是莫名其妙，相对无言。倒是枚叔先发问：

"句子是懂得的吧，如何？"

"这也是诗吗？"大文问。

"是诗啰，是新体诗。你们应该已读过新体诗了吧。"

"新体诗是读过了的，胡适的，徐志摩的，刘大白的，都见过几首。不过内容似乎和这完全不同。"乐华回答。

"你们觉得有些异样吧，这难怪你们。从前的人大都以'风花雪月'为诗料。新体诗中这类'风花雪月'的词彩也常常见到。我们读惯了这类的诗，于是就容易发生一种偏见。如果陶渊明的是田园诗，这两首俄国作家的诗可以说是工场诗。陶渊明是种田的，故用'野外''桑麻''锄''荆扉'等类的词，俄国革命以后，做工成为吃饭的条件，大多数的人都要与机械为伍，这几个诗人都是在工场做工的，故用'工场''铁''熔矿炉''锤''工作服'等类的词。田园与工场，同是人的生活的根源，田园可吟咏，当然工场也可吟咏的了。切不可说关于田园的词类高雅，是诗的，关于工场的词类俗恶，不是诗的。诗的所以为诗，全在有浓厚紧张的情感，次之是谐协的韵律，并不在乎辞藻的修饰。这几首是译诗，原来的韵律我们无从知道。

65

但就情感说，仍不失为很好的作品。他们对于工场的爱悦和陶渊明对于田园的爱悦，毫没有不同的地方。"

乐华、大文都点头，目光重复注视在那第二首译诗上。

"农村正在急速地破产，"枚叔接着说，"都市正在尽力地用了威逼与诱惑，把人吸到它的怀里去。我已是中年的人了，你们正年轻，一定要到都会去，在这大时代的旋涡中浮沉的。闲适的田园诗，将来在你们只是一种暂时消遣的东西，你们自己所急切需要的是工场的诗或都市的诗啊。"

"中国现在有作这样的新诗的人吗？"大文问。

"似乎尚没有，不久总应有吧。没有的原因，由于会作诗的不到工场去，在工场里的不会作诗。这情形当然不会再长久继续下去。不过，即使有，一定和你们方才所读的俄国诗人的作品不同。俄国革命成功，工场已是大众的工场，所以诗人那样颂赞它。在别国，也许不能颂赞，反要代以悲苦愤激的情调吧。现在，我们不能有愉悦的工场诗，正和不能有闲适的田园诗一样。只好且看将来了。"

枚叔说到这里，把眼光平分地注视了乐华与大文一歇，似乎很有感慨。室内昏黄，快已到上灯时候。

乐华见父亲似乎已不愿再说什么了，就扯了大文默然退出外间。母亲留大文吃晚饭，大文说恐家里等他，匆匆地携着书包去了。

九　"文章病院"

"好新鲜的标题！"汤慧修拿着一本书走进教室来，眼睛看着书页，长长的头发披在肩头。

"什么？"几个同学正在谈论什么事情。给她的这一句引起了注意，便同声问。

乐华认清她手里拿的是《中学生杂志》，欣喜地说："是二月号吗？他们曾经登过广告，说二月号印成之后，在闸北的炮火中完全毁掉，须待重印，才可寄发。这是重印的版本了。"

几个同学便围拢去看汤慧修手中的杂志。汤慧修指着书页说："你们看，'文章病院'这标题多么新鲜！"

"是一篇什么性质的文字呢？"

"肺痨病院给人医肺痨病，外科病院给人医外科病，依此类推，文章病院该是给人医文章的毛病的。"

"我们平时作文，常常犯许多毛病。如果送到文章病院去医一医，再给先生看，一定可以得到甲等的品评了。"

"开头有'规约'在这里，我们看呀。'一、本院以维护并促进文章界的"公众卫生"为宗旨。二、根据上项宗旨，本院从出现于社会间之病患者中择尤收容，加以诊治。'——文章界的'公众卫生'，出现于社会间之病患者，看了这两句，可知我们的文字是不收的；要'出现于社会间'的妨碍'公众卫生'的文字才收。难道文字的毛病也有传染性的吗？"

"我想的确有的，"周锦华说，"文字登载在报纸上、杂志上，或再刊印在书本上，在社会间传播开去，一般人总以为这样的文字是了不起的，便有意或无意地仿效它。如果它本身有着毛病，仿效的人就倒霉，患传染病了。所以，我们编《抗日周刊》也得好好用一番心，至少要每一篇文字没有什么毛病才行。"在一年级的编辑股员里头，周锦华是最负责的一个。她不把凑满篇幅认为满意；她要周刊上的每一篇都有精义，都有力量，真能收到文字宣传的效果。她时时刻刻不忘记周刊，现在谈起文字的传染性，她又说到周刊上去了。

"不错。"几个同学点着头。

　　"写上《抗日周刊》，就是'出现于社会间'的文字了。"
胡复初又加以说明。他继续看文章病院的"规约"，说道："这
原来是替人家批改文字，同王先生给我们做的工作一样。王先
生有时在我们的文稿上画一些符号，表明这地方有毛病，什么
毛病要我们自己去想。这杂志上大概不只在有毛病的地方画一
些符号吧。"

"你不看见'规约'上说明'将诊治方案公布'吗？犯的什么病，要吃什么药，用什么方法医治才会好，把这些都说明白，才成一个'诊治方案'呢。"

汤慧修说："把杂志摊在桌子上大家看吧。"她把《中学生杂志》摊在自己的课桌上。七八个人便伛着身躯，头凑着头围着看。外面有脚踢着皮球的砰砰的声音，有鼓励赛跑者的热烈的呼喊，但在这里的几个人好像全没有听见，他们的心神正在另一个世界里活动。

"第一号病患者——《辞源续编说例》。《辞源续编》是大书馆里的大工作，'一·二八'以前，报纸上登着大幅的出版广告，'说例'相当于序文，是编辑者的公开宣言，怎么会有了毛病，进了病院！"朱志青惊奇地说。

周乐华翻过几页，悄悄地说："更奇怪了，《中国国民党第四届第一次中央执行委员全体会议宣言》也在这里，成为第二号病患者！"他看着张大文说，"去年我们一同看报，不是把它读过一遍的吗？"

张大文点头说："当时读下去似乎也能够明白。不知道这篇文字到底有什么毛病。"

"还有第三号病患者吗？"胡复初抢着再翻过几页。

"啊！还有，《江苏省立中等学校校长劝告全省中等学校学生复课书》。"几个人像发现了宝物一般喊起来。

"这一篇应该进病院，"周锦华掠着额发说，"我当时从报纸上看过的，糊里糊涂，不晓得说些什么。我以为我的程度不够，看了一遍再看第二遍，把它仔细地划分段落，希望捉住各段落的要旨，但结果还是糊涂。罢课不足以抗日，大家复课吧，这是很简单干脆的一句话。那些校长先生偏要东拉西扯写上这么多的文字，真是可怪的事。我倒要看病院里的'医生'怎样给它诊治呢。"

胡复初又抢着翻书页了，"看第四号病患者是谁。"翻了一下之后，他才知道没有第四号了，说道："只有三号。"

"我们写的文字如果送到文章病院里去，恐怕是百病丛生，不堪诊治的了。"张大文凝想着说。

"我想也不至于，"汤慧修说，"王先生从来没有说过我们的文字绝对不通，他只对我们说哪一句不妥当，哪一节要修改。如果送到文章病院里去，我们的文字至多是一个寻常的病患者。"

"那么，'张大文说，"大书馆里编辑先生写作的文字，国民党中央执行委员全体会议通过的文字，江苏省立中等学校校长公拟的文字，怎么会病得这样厉害，烦劳病院里的'医生'写了这么长的三篇诊治方案呢？"

"这要待看完了诊治方案才得明白。"汤慧修回答。

周锦华忽然想起了一个念头，她对大家说："现在快要上

课了，这密密地用小铅字排印的十八页文字，一会儿是看不完的。我们在这几天里做一回共同研究吧，研究的材料就是这个'文章病院'。"

"怎样研究呢？"

"我们要把这三号病患者所患的毛病归起类来，看它们的毛病大概是哪几类。这于我们很有益处。'规约'上边不是说着吗？'知道如此如彼是病，即不如此不如彼是健康，是正常。'我们以后大家当心，不要犯那几类毛病，那么，写下来的一定是健康的正常的文字了。"

"这很有意思！"汤慧修高兴得拍着手掌，"就是我们这几个人，在自修的时候来做这研究功夫。我们还可以把研究的结果报告给全班同学知道，还可以请王先生给我们批评。"

这当儿，上课的铃声响起来了。

三天之后，他们的研究功夫做完毕了，由朱志青把研究所得记录下来，并且告诉了王先生，说要报告给全班同学知道。

这一天王先生上国文课，讲完了一篇选文，时间还有余多，他就说："有几位同学研究了最近一期《中学生杂志》的'文章病院'，要把研究的结果告诉大家，现在就听他们的报告。那'文章病院'我也看过了，比我平时给你们批改文稿来得详细；他们把它归纳一下，看文字的毛病大概有哪几类，这对于写作

的练习的确是有帮助的。"

王先生说罢，用右手示意，说："谁到这里来报告？"他就坐在靠近黑板偏右的椅子上。

朱志青站起来，走到讲台上，把胸膛挺一挺，开口说："最近一期《中学生杂志》增加'文章病院'一栏，想来诸位都看过了。我们几个人看出这一栏里提及的三号病患者虽然犯了不少的毛病，但归聚起来，毛病的种类也并不多。因此我们想这几类毛病必然是最容易犯的。写文字如果能够不犯这几类毛病，即使说不上名作，至少不用进'文章病院'了。现在让我逐类逐类提出来说。"

全堂同学都轻轻地舒着气，整顿精神，预备听他的演讲。

朱志青从衣袋里取出几张稿纸来，却并不就看，又说道："那三号病患者——那三篇文字都是文言文，而我们写的是语体文；知道了文言文的毛病，对于写作语体文好像未必会有什么益处。其实不然。我们看出那三篇文字的毛病都是属于思想习惯和言语习惯上的，所以用文言写固然有病，如果用语体写，还是有同样的病。我们要知道思想习惯和言语习惯上通常有哪一些病，那就文言的材料也于我们有用处。"

他说到这里，才看一看手里的稿纸，取粉笔在黑板上写了"用词、用语不适当"几个字。

"这是一种毛病，该用这个词的，却用了那个词；该这样

说的，却那样说了。那三号病患者差不多都犯这毛病。现在举几个例子来说。'目的'，不是大家用惯了的名词吗？心意所要达到的境界叫作'目的'。而第一号病患者却有'不能不变更去取之目的'的话。编辑辞典，选用条目，哪个条目要，哪个条目不要，只有依据预定的'标准'来决定，所以说'去取之目的'不适当。必须说'去取之标准'才行。又如'促进'，原是习用的一个动词。而第二号病患者说'努力促进自治制度'。因为制度只能制定、实行、修改、或者撤废，可是无法促进，所以'促进'这个动词用在这里就不适当。又如'重新'这个副词，本该用在第二回做的动作上；读过书了，再读一回，叫作重新读书；游过山了，再游一回，叫作重新游山。第三号病患者劝学生复课，单说'收拾精神，一律定期复课'，已经很觉不妥了，因为罢课为的是国难，原没有放散精神，而它又在'收拾'上面加上'重新'两字，好像学生已经把精神收拾过一回了，更属不适当之至。以上是用词不适当的例子。他如该说购买力薄弱，而说'物力维艰'，该说整齐全国的步骤，而说'整齐全国一致之步骤'，当时日本武力还只及于我国东北，而说'东北烽烟弥漫全国'，都是用语不适当的例子。这种毛病的原因在于认识词与语的意义不确切，或者因为不曾仔细思量，只顾随笔乱写，便把不适当的词与语写了上去。"

"意义的缺略和累赘"，朱志青又在黑板上写了这几个字，

说道，"一句话里，意义没有说完全，就不成一句话。反过来，说得太啰唆了，把不相干的东西都装了进去，也同样地不成一句话。这种毛病的原因在于不曾把意义想得周全，便提起笔来写，如果作者的言语习惯不良，平时惯说那些支离的、累赘的话语，写起文字来也就会有这样的病象。试举几个例子。'当《辞源》出版时，公司当局拟即着手编纂专门辞典二十种，相辅而行，'在'相辅而行'上面，怎么少得了'与《辞源》'几个字？'际此内忧外患之时'成什么话？必须说'际此内忧外患交迫之时'才行呀。不说'以……译音表为标准'或'依……译音表'，而说'均依本馆所出外国人名地名译音表为标准'，这是累赘不通的话。不说'使国民参与政治'，而说'召集国民参与政

治机关'，这也是累赘不通的话。像第三号病患者因为要说青年感情丰富，关心国事，先把老年人也知爱国来作陪衬，却说什么'明知行将就木，即使死亡，为奴称仆，亦无几时。然犹攘臂切齿，慷慨陈词，鼓其余勇，义无反顾'，仿佛把老年人讥讽了一顿，这更是累赘的无用的话了。"

朱志青停顿了一下，又说："一句话里，前后不相连贯，一串话里，彼此不相照应，这也是重大的毛病。如第一号病患者说：'此十余年中，世界之演进，政局之变革。在科学上名物上自有不少之新名词发生。'这只是一句话而已，然而前后不相连贯。正如'文章病院'的'医生'所说，'揣摩这里的语气，"世界"与"政局"对立，"科学"与"名物"对立，而以"科学"应"世界"，"名物"应"政局"。世界演进，科学研究益精，因新发明、新发现而产生新名词那是不错的。但是"政局变革"与"名物"有什么关系呢？'没有关系而牵在一起，这句话就前后不相连贯了。又如第二号病患者说：'"一致对外"为本党与全国人民共同之呼声。大会认为尚有急需注意者。国内生产日渐衰落。因生产衰落而……'这是一串的话。那前三句因为没有什么关系词把它们连起来，彼此便不相照应，好像是各各独立的。又如第三号病患者开头说'我国家民族苦东西帝国主义者之侵略压迫也久矣'，依理接下去应该说侵略压迫从什么时候起头，直到现在已历多少年，才可把怎样地'久'说明，与第一句相照

应。而第三号病患者不然，却说'平时则经济侵略、文化侵略在足以制我之死命，有事则政治压迫，军事压迫无所不用其极，凡有血气，畴能堪此'，好像把自己方才说的第一句话忘记了。这种毛病的原因大概在于思想不精密。犯得太多的时候，虽然说了一大堆，写了一大篇，实际全是瞎说，不是叫听者、读者上当，便是叫听者、读者莫名其妙。真是危险的毛病！"

朱志青又把稿纸上的标题抄上黑板，一壁说："这种毛病可以叫作'意义不连贯，欠照应'。"

他把稿纸纳入衣袋里，继续说道："我们摘录下来的例子还多，完全说出来，未免使诸位生厌，所以只说了一小部分。把许多例子归聚起来，就看出它们犯的不外刚才所说的三种毛病：用词、用语不适当；意义的欠缺和累赘；意义不连贯，欠照应。再加仔细分析，毛病的种类当然还可增多。但是，我们想，这三种毛病该是最普遍的了。我们写作文字，如果能够避免这三种毛病，用词、用语处处适当，每一句话意义都完全，也并不累赘，而且一直到底，互相连贯，彼此照应：这样，我们的文字不就通顺了吗？"

下课的铃声催促他赶快作结束，他简括地说道："我们以为要做到这地步，实在也并不困难，只需在思想习惯和言语习惯上留意。'文章病院'里的三号病患者的思想习惯和言语习惯太不好了，还不如我们，提起笔来又不肯先检点一下，所以

犯了这许多毛病。我们从他们的失败上，正可以找到成功的路径。这是我们今天要把研究结果告诉诸位的本旨。"

朱志青说罢便走下讲台，回到自己的座位上。

王先生站起来了，露出满意的脸色，说道："志青他们的研究报告虽然简略，可是很扼要。'文章病院'里的三号病患者所患的毛病固然不尽属于这三类，然而多数属于这三类。就是一般不通的文字，你说它这里不通，那里不通，归纳起来，大致也离不了这三类毛病。志青结末说的话是不错的。一个人如果能在思想习惯和言语习惯上留意，写下文字来就不用进'文章病院'了。"

王先生又用慨叹的声调说："那第三号病患者——《劝学生复课书》最要不得，思想习惯完全是'八股'的。想不到民国二十年的中等教育界中还会出现这样的文字！它为什么要不得，下一次我要给你们仔细地讲一回呢。"

十　印　象

　　离 H 市八里有一座山，并不很高，却多树木。因为没有别的名胜古迹，那座山就成为 H 市一般人游赏的目的地。到那边去可以步行，沿河的一条道路颇宽阔，而且是砖铺的，一路走去很安舒。也可以乘船去，那河道直到山脚下才转弯，所以一上岸就登山了。

　　这一天，沿河的道路上，乐华、大文在前，枚叔在后，在那里对着山走去。他们换穿了轻薄的夹衣，身体松爽，步履非常轻快。枚叔手里虽然拿一根手杖，却并不用来点地，只把它当作游山的符号而已。

可是枚叔这当儿的心情还不及他的步履那么轻快。失业像伤风病一样，一会儿就碰到了，什么时候才得同它分手，却难以预料。妻子的脸一天愁似一天，又加上时时续发的低低的一声叹气。叫她不要发愁、不要叹气吧，实在没有什么话可以安慰她，看她发愁、听她叹气吧，更把自己的心绪搅成一团乱丝。每天看报纸，又填满了令人生气的消息，敌人着着进迫，当局假痴假呆，无非这一类。想到中国前途的苦难，就觉得个人的失业真是不成问题的微细事情。然而这只是理智的想头，实际上还是时时瞥见那黑色的影子——失业，感受到它的强烈的压迫。坐在家里气闷，正好是星期日，乐华、大文不到学校，就带他们出来游山，借此舒散一下。然而也并不见得有效果；四望景物，只觉怅然；"草长花繁非我春"，意识中渐渐来了这样的诗句。对上一句什么呢？他思忖着，就走得迟缓了。

乐华、大文平时难得离开市集。现在依傍着活泼的发亮的河流，面对着一抹浓绿一抹嫩绿涂饰着的山容，路旁的柳枝拂着他们的头顶和肩背，各色的花把田野装成一副娇媚的笑脸，他们好像回复到了从前的乡村生活，彼此手牵着手，跳呀跳地走着，他们和枚叔的距离就渐渐地加长了。

"你看，那苍翠的山在那里走近来迎接我们了。"大文用欣快的调子说。

"我们走得更快一点，那山要更快地迎过来呢。"停了一停，

乐华又说，"山是不动的，是人走近山去，这谁不知道。然而我们此刻的确有这样的感觉，仿佛山在那里迎过来。这是很有趣的。"

大文指着河面说："那映在河里的是柳树的影子，谁不知道。然而我此刻有这样的感觉，头发细长的一个女子在那里照镜子，不也很有趣吗？"

"今天回去，我们要写一篇游记。"乐华突然说。

"各写一篇呢，还是合写一篇？"大文问。

乐华不回答大文的问，却继续说他自己的话："我们不要平平板板记述走过哪里，到达哪里，看见什么，听见什么。我们要把今天得到的感觉写出来。感觉山在哪里迎过来，就写山在哪里迎过来，感觉河里的柳树影宛如镜子里的女子，就写河里的柳树影宛如镜子里的女子。这样写的游记，送给别人看，

或者留给自己将来看，都比较有意义。"

大文跃跃欲试地说："好，我们一定这样写。"他又说，"那么，当然各写一篇了。我的感觉和你的感觉未必相同，如果合写一篇，就要彼此迁就，这是不好的。"

"各写一篇好了。就请父亲给我们批评。'乐华说着，回头望枚叔，说，"我们走得太快了，父亲还在后头。等他一下吧。"

待枚叔走近，乐华、大文就让他在中间，三个人缓缓并行，不很长的身影斜拖在砖路上。

乐华把他们要怎样写游记的意思告诉了枚叔。

枚叔说："游记本来有两种写法。像你所说的，把走过哪里，到达哪里，看见什么，听见什么，平平板板地记下来，这是一法。依了自己的感觉，把接触到的景物从笔端表现出来，犹如用画笔作一幅画一般，这又是一法。前一法是通常的'记叙'，后一法便叫作'印象的描写'。"

大文说："那么，我们刚才约定的写法就是'印象的描写'了。什么叫作'印象'呢？这个词儿时常碰见，可是我一直不知道它的确切的解释。"

枚叔说："这原是心理学上的一个名词，解释也不止一个。最普通的解释，就是从外界事物受到的感觉形象，深印在我们脑里的。所以，你第一次遇见一个人，感觉到他状貌举止上的一些特点，这些特点就是他给你的印象；或者你来到群众聚集

的大会场，感觉到群众的激昂情绪有如海潮的汹涌，有如火山的喷吐，那么'海潮和火山一般'就是这群众大会给你的印象。"

"我说山在那里走近来迎接我们，这也是一个印象呀。"大文看着枚叔说。

"谁说不是呢？作文如果能把印象写出，就不仅是'记叙'而且是'描写'了。你们能说出'记叙'和'描写'的区别吗？"枚叔的两手同时轻叩乐华和大文的肩膀。

乐华接着回答："我可以用比喻来分别它们。单就游记说，仅仅'记叙'，结果犹如画一张路程图；如果能把印象写出，却同画一幅风景画一样，这就是'描写'了。"

枚叔点头说："不错，从这个比喻，就可以知道'记叙'和'描写'对于读者的影响很不相同。人家看了你的路程图，至多知道你到达过哪里，看见过什么罢了。但是，人家看了你的风景画，就会感到你所感到的：不劳你解释，不用你说明，一切都从画面上直接感到。所以，'描写'比较'记叙'具有远胜的感染力。"

走了几步，枚叔又说："从前我在学校里教课，一班学生作文，不懂得印象的描写，总是'美丽呀''悲痛呀''有趣呀''可恨呀'，接二连三地写着。我对他们说，这些词语写上一百回也是不相干的，因为它们都是空洞的形容，对于别人没有什么感染力。必须把怎样美丽、怎样悲痛、怎样有趣、怎样可恨用真实的印象描写出来，人家才会感到美丽、悲痛、有趣和可恨。

他们依了我的话，相约少用'美丽呀'……那些词语，注重随时随地观察，收得真实的印象，用作描写的材料。后来他们的文字就比较可观了。"

乐华忽然指着山的左边说道："看了这条河沿着山脚转着弯往下流的景色，就知道柳宗元观察的精密。"

河道在山脚下转弯向左，开始曲折起来。从较高的这边望去，一段是看得见的，反射着白光，忽地一曲，河身给田亩遮没了，但是再来一曲，便又亮亮地好像盛积着水银；这样六七曲，才没入迤长的一带树丛里。

"柳宗元的《小石潭记》不是有这样一句吗？"乐华继续说，"一潭西南而望，斗折蛇行，明灭可见。'这'明灭可见'四个字是多么真实的印象呀！我们现在要描写这条河那边的一段，似乎也只有'明灭可见'四个字最为适切。"

枚叔对于乐华的解悟感得欣然，说道："柳氏的山水记本是古来的名篇，他差不多纯用印象的描写。"

大文昂头四望用歌唱的调子说"'天似穹庐，笼盖四野'，我觉得是很好的印象的描写。"

枚叔和乐华不觉也抬眼眺望。

平远的原野的尽处，明蓝的天幕一丝不皱地直垂下去。

枚叔沉吟了一会儿，说："这一句固然是很好的描写，可是在这一首《敕勒歌》里，末了一句尤其了不得。"

"风吹草低见牛羊。"大文又歌唱起来。

"这是极端生动的一个印象。这七个字组合在一起，是比较图画更有效果的描写。北方的牧场，我们没有到过。可是读了这一句，就仿佛身临北方的牧场。"枚叔把手杖挥动着说，"你们想，丛生的草，苍苍的天，单调的北方的原野，风没遮拦地刮过来，草一顺地弯着腰，于是牛呀羊呀显露了出来，一头头矗着角，摇着尾巴，奔跑的奔跑，吃草的吃草，这些景象，从这七个字上不是都可以想见吗？"

乐华、大文听了枚叔所说的，再来吟味"风吹草低见牛羊"七个字，一时便神往于北方的牧场，大家不说什么。

走了一程，大家微微出汗了。枚叔用手巾按了按前额，又说："像柳子厚的山水记和刚才说的《敕勒歌》，好处都在捉得住印象，又能把印象描写出来。你们试作游记，预备用印象的描写，这是不错的。不过我们一路谈话，收受印象的机会未免减少了。"

大文说："不要紧，我的游记预备从登山写起，现在还没有登山呢。"

乐华说："我预备从出门写起，到登山游赏为止。下山走原路回去，就不写了。我一定要把柳宗元描写河道曲折怎样精妙的话带写进去。"

枚叔称赞道："你们这个主见也很有意思。像这样截取一段来着手，叫作'部分的描写'。大概印象的描写同时须是部

分的描写。如果要一无遗漏，从出门写到回家，就难免有若干部分是平平板板的记叙了。"

前面小港口跨着一座石桥，矮矮的石栏正好供行人憩坐。

枚叔跨上石级，说："快到山下了，我们在这里歇一歇，预备登山。"他就在石栏上坐下，把手杖搁在一旁。

乐华、大文坐在枚叔的对面，回身俯首，看小溪汩汩地流入河里。

枚叔补充刚才的话道："你们要记着……"

乐华、大文才面对着枚叔。

"也不限于游记，除了说明文字和议论文字，都可有两种写法，一是通常的记叙，一是印象的描写。你们刚才想起了描写风景的好例子，更能想起描写人物的好例子吗？"

"那是很容易从现代人的小说和小品文中去找的。"大文向乐华说。

"我想起了朱自清的《背影》了。'乐华高兴地站了起来。

"你说几处给我听听。"枚叔微笑着说。这当儿，他宛如在从前教授国文的课室中，心神凝集于彼此的讨究；他把满腔的牢愁暂时忘记了。

十一　词的认识

　　乐华端着两盏茶走出来，看见父亲与那位卢先生已经在靠西墙的茶几两旁坐下了。

　　"卢先生，用茶。爸爸，用茶。"

　　卢先生燃着了雪茄，带着笑颜将乐华端详了一会儿，问道："在中学堂里读书，还有几年毕业？"

　　"才一年级呢。初中毕业，要在后年。"乐华回答。

　　"初中毕了业进高中，高中毕了业进大学，大学毕了业出洋游学，"卢先生红润的圆脸耀着光彩，旁睨着枚叔说，"枚翁，你要好好儿给他下本钱呢。"

"哪里谈得到这些，我想给他在初中毕了业也就算了。"

由于自家境况的困难以及对于教育现状的不满，枚叔是有一大篇的议论可以发挥，主张即使不在初中毕业也没有什么关系的，可是这未免使这位热心的客人扫兴，所以给他个并不趋于极端的回答。

"初中毕业不行的，"卢先生把雪茄摘在手里，"现在更不比前十几年了；要赚钱非出洋游学不可。我有一个朋友，他的儿子到德国游学，去年回来，就在上海西门子洋行当买办。七百块钱一个月，出进是汽车，真写意呢。"

枚叔苦笑着说："可惜我没有这一大笔本钱。"

乐华对于这位客人所说的话不感到亲切有味，便自去在沿窗的桌子旁坐了，取一本生理卫生学课本在手，低头温习。

卢先生似乎方才想起了本钱不是个个人预备着在袋里的，不觉爽然，说道：

"话倒是真的，没有本钱，读书就不容易读上去。——请问枚翁，近来有什么地方说起，要相烦枚翁帮忙的吗？"轻轻地，是很关切的声调。

"没有。"枚叔简单地说。

"枚翁当过多年的教员，在各处学堂里一定很有交情吧。"言外的意思是生路并不见得断绝，幸勿多所忧虑。

"现在还不到暑假，学校里当然没有什么更动。再说当教

师虽是一只破碎的饭碗，但捧着这只破碎的饭碗总比两手空空好，我又何忍夺了人家的，捧在自己手里。"

这不是真个生路断绝了吗？卢先生今天来访问，本希望得到一点好消息，或者枚叔已经有了事情了，或者有什么人正在给枚叔介绍。而现在枚叔这样说，什么时候才能够得到一个职业实在难以预料，想给他安慰也无从说起，只得蹙着眉说：

"早知道我们的银行今春就要收场，就不拉枚翁来帮忙了。对于这件事，我十二分抱歉！"

卢先生说罢，又把雪茄衔在嘴里，刚才燃着的火已经灭了，便划一根火柴再把它燃着。

"那有什么抱歉的！"枚叔以书生的襟怀，又加上对于世事的认识，知道自己直同海滩旁的小草一样，经浪潮的冲击，便会被送到不知什么地方去的。即使去年不进银行任事，今年此刻一定仍在学校里教课吗？那是没有准儿的。

"况且，你们股东是亏蚀了资本，比起我来，损失大得多了。"枚叔又用这样的话来抵消卢先生抱歉的心思。

"我倒还好，损失不算大。两个月来不到行办事，又觉得很解放。"

枚叔听到这里仿佛觉得不大顺耳，想了一想，方才领会，眼光偶尔投到沿窗乐华那边，只见乐华正把疑问的眼光看着那红润的圆脸。

　　"这里地方小，干不出什么事业来。再要开银行决不在这里开了，有机会就得在上海开。不过一个人解放久了也不好。天天打牌有什么意思，总得找一点事情来做。因此，我想办一点社会主义。"

　　这个话使枚叔愕然了。这位有点小能干的银行家，难道同一般青年一样，受着时代思潮的激荡，知道资本主义已经到了

"临命终时'，从资本主义这个腐烂体里长成起来的将是社会主义吗？但是，社会主义怎样"办"呢？"办"社会主义的人为什么又说有机会又得在上海开银行呢？

乐华也同样地感到奇怪。社会主义，在杂志和报纸上，在同学间的谈话中，是常常被提及的一个名词，看着、听着、说着，都没有什么奇怪，唯独由这位四十光景的、商人风的卢先生吐出来，却异样地不相称，有如矮人穿着长衣服，小孩戴着大帽子。他的社会主义是什么东西呢？这样的问语咽住在乐华的喉咙口。

卢先生吸了两口雪茄，圆撮着嘴唇呼出了烟缕，继续说道：

"天气热起来了，时疫急痧是难免的事。我预备开两个施诊所，中医、西医都有，任病家爱请谁医就请谁医。现在医生都请定了，只地点不曾弄停当，故而还不能贴广告。"

原来如此。乐华咽住在喉咙口的问语有了回答了。不免要笑。但是，真个笑了出来不是很糟吗？乐华只得吻合着上下唇、移过眼光去看父亲。却见父亲正在端详茶几的一角，仿佛那里有什么好玩的花纹似的。歇了一会儿，听父亲说道：

"我想两个施诊所应该距离得远一点。一个在南城，一个在北城，对于病家才见得方便。"

卢先生去后，乐华问枚叔道：

"刚才卢先生说的'解放',作什么意思用的？"

"他说'解放',其实是'自在''闲散'的意思。做一点公益事业,他却叫作'办一点社会主义'。他们商界里,这样说话的人很多:不把'词'的意义辨认清楚,就胡乱使用起来。这使旁人听了觉得好笑,有时竟弄不明白他们说的什么。"

"岂止商界,便是学界和政界,也有犯着这样的毛病的。'文章病院'里的几个病患者,不就是吗？"

枚叔点点头,接着说:

"市场上有'卫生衫''卫生毛巾',又有'卫生酱油''卫生豆腐干':什么东西都加得上'卫生',实则把'卫生'这个词的意义完全丢掉了。又如两个人剖分一件东西,就说,'我们来共产主义','共产主义'这个词到底是什么意义,他们却并不去查考。这样的例子很多,如果随时留心,不怕费工夫,把它们记录下来,倒是有益的事,至少不会跟人家胡乱用词了。"

"我想,能够时常翻查《辞源》,也就不至于胡乱用词。"乐华的小小的书柜里有着《辞源》,他预习功课时常常请教着它。

枚叔沉吟了一下,说:

"《辞源》里只收一些通常习用的词,专靠着它,有的时候是不济事的。我国现在已出有好些专科的辞书,如关于动物、植物的,关于哲学、教育的。那些辞书也要时常翻查,才能把所有的词认识得真切,运用得正确。这样,自不致使旁人好笑,

92

更不致使旁人弄不明白了。"

"那些辞书，我们学校的图书室里都有的。"

"你能够使用那些辞书吗？"

"我因为预备功课，曾经取《植物学大辞典》来翻查过几回，那是很容易翻查的，编排的方法同《辞源》相仿佛的。"

"不错，新出的辞书，差不多都像《辞源》那样编排的。可是，你还得懂得我国旧有的'类书'的翻查方法，因为有的时候你或许要翻查类书——刚才我漏说了。"

这一词在乐华是生疏的，他就问道：

"什么叫作类书？我好像从来不曾听见过。"

"类书是和现在所谓辞书同性质的东西。《辞源》里大概有'类书'这一条的，你可以自己去翻来看。"

乐华便到自己的小书房里去，把《辞源》取了来，翻了一会儿，高兴地说道：

"在这里了！果然有这一条的。"

他凑近父亲，和父亲一同看如下的语句：

　　采辑群书，或以类分，或以字分，便寻捡之用者，是为类书。以类分之类书有二：甲兼收各类，如《艺文类聚》《太平御览》等；乙专收一类，如《小名录》《职官分记》等。以字分之类书有二：甲齐句尾之字，如《韵海镜源》《佩文

韵府》等；乙齐句首之字，如《骈字类编》是。

枚叔抬起头来，看着乐华的沉思的脸说：

"看了这几句，恐怕你还是不很明白，须得解释一下。"

乐华点头。

"这里所谓类是事类，如关于天文的事实、典故是一类，关于地理的事实、典故又是一类。这里所谓字是习用的、有来历的一组字；如'徘徊''彷徨''十二阑干''九曲回肠'，等等。从前人编辑类书，最大的目的在备写作时的采用。以类分的类书供给事实、典故，你要用哪一类的材料就到哪一类里去寻；以字分的类书供给辞藻，你造句要换点花样，作诗要勉强押韵，它就给你许多帮助。写作而要请教类书，可见其人，中无所有。那又何必写作呢？不必写作而硬要写作，至于有许多类书出来供应需要，那是古来偏重文章的缘故，且不去说它。现在我要告诉你的是：如果像使用辞书那样使用，那么类书对于我们也是有用的。"

枚叔舒了一舒气，接着说道：

"类书的编排方法，大半看了书名就可以知道。凡有一个'类'字的，便是以类分的类书。某一部类书共分多少门类，一看目录便能了然。凡有一个'韵'字的，便是以句尾之字而分的类书。那是按照诗韵编排的；不管什么事类，却将末一个

字同韵的许多词归在一起。譬如'徘徊'与'黄梅'，就事类说是全不相干的；但'徊'字与'梅'字同韵，所以归在一起。如果熟悉诗韵，能够辨别一个字属于某声某韵，翻查这一类类书是很便当的。像你，平上去入四声也许辨得清；而一个字属于诗韵里的什么韵，那是不熟悉的。这不必定要去熟悉它，一翻《辞源》也就知道了。你看，《辞源》每一个字下，不是注着什么韵吗？"

乐华向来不曾注意到这一点，他听父亲这样说，随手翻开《辞源》的上册，眼光射到一个"他"字，下面注着"托阿切，歌韵"，眼光又移到同页的"仕"字，下面注着"事矣切，纸韵"。他惭愧地说：

"以前我为什么没有留心！"

"再说以字分而齐句首之字的类书，如《骈字类编》，那是与《辞源》有相同之处的，也是将许多词凡开头的字相同的都归在一起。不过《辞源》的编排是依照第一个字所属的部首和笔画的多少的，《骈字类编》却分为事类，某个词的第一个字属于哪一类，就到哪一类里去翻查。"

枚叔说到这里，因为自己有好些书寄存在乡下，类书之类都不曾搬来，颇感受不能执卷指示的不方便，他搔着头皮说：

"你不妨到学校的图书室里去，见有什么类书，就看它的编排体例。这样，到用得着它的时候，就可以翻查了。"

　　他忽又想到了刚才卢先生的用词不切当的话语，感慨地说道：

　　"一个人不能认识各个词的确切意义，又懒得动手去翻查，那是常常会闹笑话的。从前有一个人和外国文人通信，自己起了个稿子，托一个通英文的人替他翻译。那稿子里有'驰骋文坛'一句，你道那个通英文的人翻译做什么？"

　　"'驰骋文坛'，不是说收信人在文坛上很有成就和声名吗？"乐华以为这是并不难懂的。

　　"照你说的翻译，也就不闹笑话了。"枚叔笑着说，"那个通英文的人却并不这样解释。他知道'驰骋'是马奔跑。他又想'文坛'大概是文字汇聚的地方，再推想开去，便断定是书堆。于是他所翻译的英文句子，就成为'马在书堆里跑来跑去'的意思！"

　　"哈哈。"乐华禁不住大笑了。

　　"还有一个笑话，"枚叔忍住了笑说，"有一个姓贺的，写得一手好颜字，可是笔下不很通顺，知识也有限。一天，他送人家一轴祭幛，提起笔来写了'瑶池返驾'四个大字。"

　　乐华听了茫然，用疑问的眼光望着父亲。

　　枚叔将手指在桌面上画着那四个字，说道：

　　"就是这样的'瑶池返驾'。"

　　乐华看了，记得这四个字曾经在丧事人家看见过的，可是

不明白什么意思。

"旁人看他写了这四个字，对他说写错了。他说没有错，祭幛上常常用的。旁人就告诉他瑶池是西王母所居的宫阙，死了回到瑶池去，是专指女人说的；而现在那人家死的是男人，不是写错了吗？他方才明白，只好红着脸把'瑶池返驾'四个字撕了。"

"这四个字，爸爸若不讲明白，我也不知道什么意思。"

"不知道就得询问，就得翻查。这样成为习惯，然后读书不致含糊，不致误解；说话作文不致词不达意，不致'指鹿为马'。"

"刚才卢先生的'社会主义'，如果传说开去，也是一个很大的笑话呢。"乐华听父亲讲笑话，引起了深长的兴味。

枚叔却又想到了别的方面去，怅然望着窗外浓绿的柳叶，自言自语道：

"他对我关切，特地来看我，是可以感激的。"

十二　触　发

　　六星期的暑假已过了三分之一，乐华在家里真是寂寞得很。父亲由朋友介绍，应四川××中学之聘，一则因为路程遥远，二则因为失业已久，家居不免厌腻，一经接到聘书与旅费，就于当地第一中学放假开始时，启程到四川去了。家里除乐华外，只有母亲及小妹，学友们住在本地的原不多，都已各回乡里。唯一的亲友大文呢，放假后只来过两次，每次都和周锦华同来，稍坐即走。乐华有一天曾到他家里去找他，想和他谈谈，却未曾找到。据他母亲说，是和周锦华一道出去的。

　　乐华除每日帮母亲料理家事外，只用书册消遣，拿了书躺

在藤椅上看，往往不久就睡去，不由自主地让书从手中溜到地上。炫目的阳光，聒耳的蝉声，愈使乐华感到长日如年，倦怠难耐。

有一日，午饭方毕，乐华才帮母亲收拾好了厨下，正在廊檐下的藤椅坐下身来，拿起父亲临行前检给他的一部《西游记》想读，听到邮差在门口喊"有信"。接来看时，是父亲从汉口寄来的家书。乐华拆开信来读给母亲听，其中有几张信笺是专写给乐华的，上面写着这样的话，有许多地方密密地加着点：

　　你大概在以书册消磨着长日如年的光阴吧。你爱好读书，

努力学文，当然不能算坏，可是读书与作文实在是两件事，应当分别看待。普通人都以为读书就是学作文，作文须从书上去学习，这实在是大错特错的见解。书籍原用文字写成，但不应只当文字来读，读书的目的，重在收得其内容意趣，否则只是文字的游戏而已。作文的材料，到处都是，并非仅在书中，专从书上去学文字，即使学得好，也只是些陈言老套，有什么用处呢？我劝你勿只把文字当文字读，勿只从文字上去学文字。

　　读书贵有新得，作文贵有新味。最重要的是触发的功夫。所谓触发，就是由一件事感悟到其他的事。你读书时对于书中某一句话，觉到与平日所读过的书中某处有关系，是触发；觉到与自己的生活有交涉，得到一种印证，是触发；觉到可以作为将来某种理论说明的例子，是触发。这是就读书说的。对于目前你所经验着的事物，发现旁的意思，这也是触发。这种触发就是作文的好材料。举例来说吧。我书房中有一副对子，下联不是"竹解虚心是我师"吗？这一句原是成语（不知作者为谁），作者着眼于竹的中空，觉到和人的虚心相似，可以效法。故就造出了这样有新味的句子。触发要是自己的新鲜的才好，用月的圆缺来比喻人事的盛衰，用逝水来比喻年华难再，用夕阳来比喻老年，诸如此类的话在最初说出来的人原是一种好触发，说来很有新味，我们如果袭用，就等

于一味说人家说过的话，自己不说什么了。

触发真是要紧的功夫，我早就想把这话告诉你，可是却没有碰到相当的机会。这次我动身时，你要求我检书给你读，还要求我过上海时替你买些可看的书。我在上海经过，虽也曾想买几本相当的书籍寄给你，一则因为我已把旅费的一部分分给你母亲留作家用了，携带的钱不多，二则因为我觉得你只管把书呆读，也没有意义，所以未曾替你买任何的新书。我已给你选定了好几部书了，你可拣喜欢的取来重读，读出些新的意味来。书是用文字写成的，我还希望你于有字的书以外，更留心去读读没有字的书，在你眼前森罗万象的事物上获得新的触发。

乐华把信热心地读，读至最后一行附笔"此信可拿去给大文一看"时，不觉自语道：

"大文近来忙得很，哪里还有心思管这些啊。"

父亲去后，乐华在寂寞的生活中日日期望有新书从上海寄到，借新书一振日来的无聊与倦怠。自得了父亲的这封信以后，态度为之一变，觉得读过的书重读起来比新书更有味，眼前的一切东西都含藏着多方面的内容，待他去发掘。倦怠无聊之感消灭净尽，他好像换了一个人，换了一个世界了。什么都新鲜，什么都有意义。他从蝉声悟到抑扬的韵律，从日影悟到明暗的

对照，从雷阵雨感到暴力的难以持久，从雨后的清凉悟到革命的功用，从盆栽的裁剪悟到文字繁简的布置，从影戏的场面悟到叙事文的结构，从照片悟到记事文的法式。

乐华把小小的手册放在衣袋里，心里一有所得，随时就写在手册上。不多几日，就写了许多页了，其中有几条只是零星的一二句话，有几条俨然就是小品文。

有一天下午，大文、周锦华、朱志青、汤慧修大家到乐华家里来。志青问乐华：

"你为什么不出来走走？一个人在家里不寂寞吗？"

"因为没有伙伴啊，像你们……"乐华说到这里，觉得不好意思说下去，即改说道，"你们来得正好，我给你们看一样东西。——大文，父亲写了一封信给我，说叫你也看看呢。"乐华说着从抽屉里取出信来递给大文，一壁看锦华、慧修，似乎她们还不曾感觉着什么，这才安了心。

"我们也可以看吗？"锦华问。

"当然可以。"乐华说。

志青走近大文身旁共看那封信。每读完了一页就传给锦华、慧修共看。

"看了这封信，可以说'胜读十年书'呢！乐华，你有这样的父亲，真幸福啊！"锦华看完了信说。

"可见我们平日读书作文都还没有得到好方法。王先生前几日曾提及枚叔先生，说是他所佩服的一个。这封信我想应该给别的同学也看看，同班之中读死书的人多着哩。我想：最好在将来演讲练习的班上，把这作为材料，由哪一个去讲述一番。乐华，就请你去讲吧。"志青说。

"也好，其实什么人去讲都可以。"乐华说。

"那么，你这几天想必已在依照你父亲信上的方法实行了。成绩一定很好吧。"慧修问乐华。

"试行呢在试行，可是自己难得满意。父亲说，'触发要是自己的新鲜的才好。'我所触发到的意思，一时觉得很新鲜，后来看到别的书，知道前人已有过这样的话，于是就兴趣索然了。我曾把这几天所想到的意思，随时写在手册上，预备从其中录一二条寄给父亲看看，请你们给我选择一下，看哪几条比较有意义。"乐华从衣袋中取出手册来交与慧修。

慧修把手册翻开来与锦华同看，志青、大文立在她们背后张望。手册里有几条是用铅笔写的，有几条是用墨笔写的。大概是因有自己不满意的缘故吧，其中有十分之三四已用 × 记或直线取消，可是字迹还看得清楚。

"这条好！"锦华读到"领袖"一条，不禁赞赏着说。那是这样的几句话：

把衣服穿在身上，最污浊的是领和袖。因为污浊的缘故，

洗濯时特别吃亏，每件衣服先破损的大概是领袖部分。

领袖是容易染污浊的，容易遭破损的。衣服的领袖如此，社会上的所谓领袖何尝不如此！

"这条值得抄了寄给你爸爸看。我知道，你近来是自己洗衣服的，这几句话大概是在洗衣服的时候触发到的吧？"大文对乐华说。

"是的——你们以为这条还可以吗？我觉得不及后面'鸡叫'一条呢。那是前天晚上我睡不着，在枕上听见鸡叫的时候想到的，——在这里。"乐华从慧修手里取过手册来翻寻给大家看。那是很简短的几句话：

鸡是光明的报道者，它第一次喔喔开声却在夜半，正是世间最黑暗的时候。我听了这夜半的鸡声，不禁想到革命者

的呼号。

大家看了都点头表示赞许。

"我出世以来，不知已曾听到多少次的夜半鸡声了，为什么竟听不出别的意义来？我的头脑真是太简单了！"慧修把手册合拢了感叹地说。

"这有什么可叹的。我以前也是这样。现在已得了门路了，大家在这上边用些功夫吧。"乐华安慰慧修说。志青，锦华、大文都点头。

临走的时候，志青提议大家同去访王先生。他说，王先生暑假未回乡里，在城外山上法华寺里住着，他前几日曾去过一次，那里地方很清凉呢。

乐华送四位客人至门口，与他们约定了访王先生的日期及集合的地点而别。大文与锦华向东走，志青与慧修向西走，各就归途。两位女友的绸阳伞在夕阳中分外闪耀乐华的双眼。

乐华立在自己门首，好几次地把头回旋，目送这两对小情人远去，忽然从衣袋中取出手册，俯了头不知又在写记些什么了。

十三　书　声

　　到了访王先生的那一天，乐华天明就出门，先到朱志青家里，待大文、锦华、慧修陆续到了，才一同出发。因为预备在山寺作一日的清游，志青曾买好了几种罐头食物，交大家分携了走。

　　那座山离 H 市不远，乐华在春间曾和大文随了父亲去过。只要走尽街市就可望见。乐华、大文、志青并着在前，锦华、慧修张了阳伞在后，且走且谈。早稻已有一半在收割了，这里那里有农民在割稻打稻。稻穗沉甸甸地垂着，年成似乎很好，可是一路却不曾见到一个有笑容的农民。

"我们该怎样惭愧啊！"志青见路旁有一个农民在割稻，那身上的一件蓝布衫差不多已要被汗湿透了，不禁感慨地说。

乐华、大文默然不响。大家都把脚步改快了前进。三人到了山麓树林下，回头看锦华、慧修和他们相差已有半里路，这才停下来休息着等待。王先生所寄住的法华寺已在浓绿的树叶中红红地现出一角了。

一同走进山门以后，远远地就听到琅琅的诵读声。

"和尚在诵经呢。"慧修说。

"这声音不像和尚诵经。"锦华一壁走一壁侧耳审别，"好像是王先生的声音。"

"正是王先生的声音，原来王先生在读书哩！"志青说。

走过了大殿，那声音愈明白，确是王先生的读书声。大家打量书声起处知在东厢楼上，也不询问寺僧，一找就找着了王先生所住的房间。

王先生正捧了一本书高声读着，见乐华等五人来了，即把书放下含笑接待他们。

"你们来得很好！五个人吗？这里非常凉爽，玩到傍晚回去吧。"

五人向王先生略作招呼，大家走近案旁，去看王先生放下的那本书。他们以为王先生方才读得那么起劲，一定是非常了不得的书了。不料翻开在案头的不是别的，原来就是一年来王

先生在他们一年级所授的选文订本。每行文字之旁，用朱笔加着许多式样的符号，有◁，有▷，有·，有〉，有〈，有〈〉，有—，有——，有〜〜。这些符号，和普通的标点截然不同，五人看了莫名其妙，不禁面面相觑地露出怪异的神情来。

"我们一入寺门就听见先生在高声朗读，原来读的就是这几篇在我们班上教过的文字。不瞒先生说，这几篇文字，我们做学生的已经不读了，不料先生还在读呢。"志青熬不住了，这样说。

其余四人都把眼睛对着王先生，期望王先生快些开口。"是的，我在读这几篇教过你们的文字。一年以来我对于文字的解

释及玩味方面自信已尽了力，做到八九分的地步了。在读的一方面，却未曾费过气力。下学期我想叫你们加做些读的功夫，所以在这里先自预备。读，原是很重要的，从前的人读书，大都不习文法，不重解释，只知在读上用死功夫。他们朝夕诵读，读到后来，文字也自然通顺了，文义也自然了解了。一个人的通与不通，往往不必去看他所作的文字，只需听他读文字的腔调，就可知道。近来学生们虽说在学校里'读书'或'念书'，其实读和念的时候很少，一般学生只做到一个'看'字而已。我以为别的功课且不管，如国文、英文等科是语言学科，不该只用眼与心，须于眼与心以外，加用口及耳才好。读，就是心、眼、口、耳并用的一种学习方法。读的文字须择意义内容已明白的，所以我想从上年讲授过的文字中选取若干篇为将来叫你们诵读的材料。下学年预备在原有的讲演会以外再设一个朗读会哩。你们觉得怎样？"

王先生用了征求学生同意的态度，把长长的一番话暂作结束以后，平分地把目光分注于五人。

"好！"五人差不多一齐发出赞同的回答来，同时大家又好奇地把目光集注于翻开在案上的书册上。

"这用红笔标着的是符号。"王先生似乎已猜着了他们的注意点了。"喏，◁是表示全句须由低而高的，▷是表示全句须由高而低的，·是表示句中某一字或几字须重读的，这都是高低

方面的符号。〉是表示句的上半部读音须强的，〈是表示句的下半部读音须强的，〈 〉是表示句的中央部分读音须强的，这是强弱方面的符号。—表示须急，——表示须缓，这是缓急方面的符号。声音的差异，不外高低、强弱、缓急三种。此三种符号以外还有一个～～～，是表示读到这里须摇曳的。"

经王先生说明以后，五人才恍然明白，大家把头埋在一处试看那文字与符号的关系。

"让我把这订本来拆开，大家任拿一篇去看吧。这样大热的天气，埋了头聚在一处多热！"王先生拆开那订本，把加了符号的文字分给各人一篇，笑指楼下树林说道："大家到那树林中去在石上坐了看吧。让我叫寺中替你们预备午饭。"

志清把携来的食物交给了王先生，就随大家下楼来到了树林里。五人把分得的文字各自依了红笔的符号揣摩了低声仿读，有时也会不自觉地发出高声来朗诵。日光从树叶小空隙中射下，各人的衣服上与手中所执的纸片上荡动着碎小的涡影。

午饭的时候，王先生向乐华询问乐华父亲枚叔动身后的消息，乐华一一告知。锦华顺口提起前几日在乐华家里看到枚叔的信，把大意说给王先生听，且说她曾因此信得了许多启示。慧修与志青也随和着称扬。

"枚叔先生的意见很对。我们读书、作文，以及生活，都全靠能触发。实对你们说了吧，我近来的留心读法，也是一种

触发的结果。我住到这寺里来，每日清晨傍晚都听到和尚的诵经声，那声音高低缓急很有规律，日日听，日日一样。我觉得我们平日读文字，也该有个规则方法，于是对于读法就发生了研究的兴趣了。"

王先生又把话题转到读法上去了。志青乘此机会，急忙抓住这话题，说道：

"今天下午就请王先生把读法的大要来教我们吧。方才我们依了王先生的符号去学读，似乎已有些明白了，可是还不得要领，有许多地方，简直莫名其所以然呢。"

"好！"王先生答允了，"这话说起来很复杂，姑且先把高低、强弱、缓急的三种符号来逐一说明吧。"说着，立起身来从吃饭的客堂走入隔壁房里去了。

五人静肃地等待着，过了一会儿，王先生拿了一支铅笔与一本拍纸簿出来，在吃饭的圆桌旁坐下，五人也就走拢去。

王先生在纸上作一小小的·号，说这是某字须重读的符号。随写出三句同样的文句分别加了·号：

张君昨天曾来过吗？

张君昨天曾来过吗？

张君昨天曾来过吗？

问道:"这句疑问句,可有三种读法。你们看,如果叫人回答,是否相同的?"

"不同。第一句可以回答说'张君的佣人曾来过',第二句可以回答说'张君前天曾来过',第三句可以回答说'不曾来过'。因为三句的着眼点不同了。"锦华很爽利地回答。

"对! ·号的用法,大概可以明白了。文句之中,有特别主眼,或是前后的词彼此相关联照应的时候,通常都该重读。举例来说——"又在纸上写道:

这儿是法华寺的客堂。
逐二兔者不得一兔。
不能二字惟愚人之字典中有之。
病从口入,祸从口出。

五人看了都点头,似乎大有所悟的样子。王先生又换了一张纸,作了◁▷两个符号,说:

"这是句调升降的符号。◁是表升调的,▷是表降调的。"随即写出两句相同的句子来,一加◁号,一加▷号:

地是圆形的。
◁
地是圆形的。
▷

112

问道："你们试读看，觉得意义有变化吗？"

大家出声辨别了一会儿。乐华抢先说：

"不同。用降调读，觉得语气很确定。用升调读，似乎含有疑问呢。"

"不错，就这句说，升调是疑问的，降调是确定的。"王先生点头说。

"确定的语气一定用降调，疑问的语气一定用升调吗？"志青问。

"确定的语句大概用降调读。至于疑问的语句，却并不一定用升调。如果在语句中含有别的疑问的词类时，反须用降调来读才对。举例来说——"说着又扯下一张纸写道：

你道我是来做什么的？
　　　　　　　▷
为什么到这时还睡着不起来呢？
　　　　　　　　　▷
谁来管你这些？
　　　　▷

王先生见大家都点头，又继续说道："此外，升调与降调的用法还有许多。概括地说，是这样。——我前几天曾把这记在一张纸上，让我去拿来给你们看。"

王先生从房间里取出一张纸片来放在圆桌中央，让大家看。

那纸上是这样记着：

升调的用途

1.意义未完结的文句——例（一）再过三天就放暑假了。（二）得酒肉朋友易，得患难朋友难。（三）香港、上海、天津、汉口是中国的重要商埠。

2.号令或绝叫的文句——例（一）全世界工人团结起来！（二）快让开！马来了！

3.疑问句（句中无别的疑问词）——例（一）他是你的朋友吗？（二）你不相信我的话吗？（三）你的母亲病了，你的父亲呢？

4.惊愕的文句——例（一）他死了。（二）爸爸，爸爸，你怎么了？（三）啊，你就是裴多芬先生吗？

降调的用途

1.意义完结的文句——例（一）我是第一中学的一年级生。（二）得酒肉朋友易，得患难朋友难。（三）今年是一九三二年。

2.插入疑问词的问句——例（一）你是来干什么的？（二）谁，方才来看我的？（三）你看结果怎么样？

3.祈求的文句——例（一）请把这书给我。（二）明天早些请过来。（三）但愿我的学生成绩好。

4．愤恨，感激、慨叹的文句——例（一）这人不是个好东西！（二）这位朋友真难得！（三）呜呼，鉴湖女侠秋瑾之墓！

五人一壁看，一壁把例句默读，更与平日的经验对照，觉得这种法则很相合。脸上都现出理解的喜悦，同时把眼睛再对王先生，似乎在希望他继续讲述。

"高低的符号，大概已明白了吧。次之是强弱。高低是由声带的张弛而起的分别，强弱是肺部发出的空气分量大小的分别。钢琴上的键是因了高低顺列着的，某一键对于两旁的键，声音不同，这是高低。我们用手指去按同一个键的时候，因了指力的轻重，所发的声音也有不同，这就是强弱的不同了。强弱的符号，我所定的是〉，〈，〈 〉三种，其用法普通是这样——"王先生说到这里，重复用铅笔在拍纸簿上写道：

〉（句的头部加强）——用之于表悲壮、快活、叱责或慷慨的文句。

〈（句的尾部加强）——用之于表不平、热诚或确信的文句。

〈 〉（句的中央部加强）——用之于表庄重、满足或优美的文句。

　　他又继续说道："因为强弱是全关于人的感情的，强弱的分别最多见的是议论文、诗歌及叙事文中的对话，平静的记述文与说明文中的文句，差不多不大有强弱可分。换句话说，就是议论文、诗歌、对话该应用了强弱的法则来读，让我在你们已经读过的文字中，来选读些给你们听吧。"

　　王先生把方才那本拆散了的文选翻了一会儿，取出张溥的《五人墓碑记》与梁启超的《最苦与最乐》来，各选取一节来读给大家听，遇到可应用强弱法则的地方，随时说明。师生都把整个的心倾注于声音的辨认上，窗外日影的转移，室内时钟的记数，他们都不曾觉得。这时候忽然传来了寺中晚课的钟声。王先生看看壁上的时钟说：

　　"呀！时候不早了，让我把缓急的法则来说明吧。缓急是声音与时间的关系。假定我们可在一秒钟里发'法华寺'三个音，也可以在一秒钟里发'法华寺东厢'五个音。在同一时间，音数少的是缓，音数多的就是急了。缓用——号表示，急用一号表示。你们不是已懂得标点了吗？标点之中，'，''；''。''：'这四种，就是表示缓急的。'，'最急，'；'稍缓，'。'更缓，'：'最缓。看这副对联吧，'寒岩枯木原无想，野馆梅花别有春'，照普通的标点法则，上联句末加'；'，下联句末加'。'，所以我们读起来，'春'字应该比'想'字延长些才对。这法

116

则可应用于一切文字，诗与骈文等有对偶的句子，也都可用这法则来读。诗与骈文是有平仄的，平声缓，仄声急，一句之中，平仄既然调和，缓急的法则也就自然而然配好在里面了。另外还有一个～～号，这是表示颤动的。我们读一个字，读得很缓的时候，并不只是平板地拖长，喉间往往会发颤动。颤动可以说是一种最缓的读法。让我把这联句加上了符号，你们试读看！"说着在拍纸簿上写记道：

寒——岩～～枯——木—原——无～～想——
野—馆—梅——花～～别—有—春～～

五人一一地依符号试读。王先生一一都点头许为无误，神情非常愉悦；又继续补足说：

"方才所说的缓急的分别，都是就了文句的构造上说的。缓急在一方面更与文字所含的感情有关。含有庄重、畏敬、谨慎、沉郁、悲哀、仁慈、疑惑等感情的文句，全体须缓，含有快活、确信、愤怒、惊愕、恐怖、怨恨等感情的文句，全体须急。缓急的法则应用时须顾虑到文句的构造与感情两方面才好。高低与强弱的法则，应用时也是如此。"

寺僧的晚课已开始了，王先生也已露倦意。五人因回去须走好几里路，也就向王先生告辞。王先生和他们一同下楼，经

117

过大殿时，寺僧们正在念"南无莲池海会佛菩萨"。

"你们听！"王先生说。

大家听时，接连是三句"南无莲池海会佛菩萨"，第一句与第二句都是寻常调子，第三句后半部逐字延长与前二句调子大异。

"这叫作'南无莲池海会佛菩萨三称'，就是将一句念三遍。你们知道为什么第三句要特别拖长呢？"王先生问，既而自答道，"因为结束的地方照例须缓，不如此，就不能把前二句镇定的缘故。"

大家又得到一个印证。

"我近来留心听名伶唱片的对白与茶馆里说书先生的说书，他们常会给我读法研究上很好的帮助。读法可研究的方面很多，我今天所说的，只不过大纲中的大纲罢了。"王先生到了寺门口，含笑对向他鞠躬告别的五个学生说。

十四　现代的习字

　　星期日，乐华迎着晴朗的朝阳去访朱志青。小小的一间屋子，却很敞亮，志青靠着前窗在那里习字呢。在乐华的经验里，这是新鲜的事情；和志青同居一间自修室一年之久，从没看见他做过这"水磨功夫"的勾当。

　　"你闲空到这般地步，竟在这里一笔一画写这么齐整的小楷。"乐华说着，翻看志青所临摹的一本字帖，从封面上知道这叫作《灵飞经》。

　　"并不是闲空到这般地步，"志青辩解道，"我们写的字实在太不成样子了，莫说别人看了不舒服，自己看了也觉得难为

119

情。所以抽出一点工夫来练习。"

乐华又在《灵飞经》的封面上发现一颗阳文的小方图章，刻的是"慧修"两个字，便明白了这本字帖的来历，也明白了志青为什么练起字来的真因由；于是拍着志青的肩膀，讥讽地说：

"依我看，'你们'写的字也过得去了。'你们'这样用功练习，大概除了希望写得更好以外，还有什么神妙的趣味吧。"

志青的脸上有点发红，向乐华斜睨了一眼，说道：

"你也来取笑我了，你是向来不取笑别人的。"

一股热烈的欲望突然在志青的心头涌起，他随即拉着乐华的衣袖说：

"这一刻你没有什么事情吧？我们一同找慧修去。"

"我和你一同去找她，只怕不很方便。"

"有什么不方便呢？她家里你不是没有去过的。"

"那么一同去就是了。"乐华近来常常怀着矛盾的心情：看见志青和慧修，大文和锦华，他们亲昵地在一起说笑，就觉得他们讨厌，可是又觉得他们中间含着什么趣味似的，多看他们一眼便是一分快适；此刻答应同去，分明是后一种心情战胜了前一种了。

"坐也没有请你坐，就要你跑路了。"志青尽主人的礼貌，让乐华先走，同时扣上了衣领的纽扣。

通过三条小街，他们便到了慧修家里。慧修也正在那里习字，看见他们到来，便掩转字帖，加在她自己所写的那张纸上面，站起来对志青说道：

"料不到你来得这样早。"

"乐华很早地跑来看我，我说我们一同找慧修谈谈吧，所以这一刻就来了。你的字课还不曾完毕吧？"

乐华看慧修的那一本字帖，封面上题着"赵松雪临《黄庭经真迹》"几个字。

慧修娇憨地一笑，将额发向耳朵后面掠去，说道：

"昨天晚上十一点，我的父亲从北平回家了。我们听他谈北平的社会情形和关外义勇军抗日的英勇故事，直到一点多才上床去睡。今天早上不免迟一点起身，所以才写了半张还不到的字。"

乐华听慧修这么说，便想到远在四川的父亲，不知道哪一天才得尝到"父亲从四川回来了"的乐趣呢。忽见一个中年人走进室中来，带褐的脸色，上唇有短短的髭须，眉目的部分仿佛含着笑的意味。乐华揣想他一定就是慧修的父亲，及经慧修介绍，果然是的。因为与他初次见面，未免感到一点拘束。溜过眼光去看并肩站着的志青，也正相同：若有意若无意地看着那本字帖的封面，露出一副局促的神情。

那个中年人似乎已经感到了两个青年的习惯上的弱点，便

把语调放得十分随便，差不多对他自己的孩子说话一般，说道：

"你们不要拘束，尽管谈你们的，笑你们的，和往日一模一样。以后你们常常到来，常常和我见面，我会成为你们的老朋友的。"

慧修带着骄傲的神态接上说：

"爸爸虽然留着髭须，实在还是个青年人。爸爸，你该没有忘记吧：去年春季，你，我，还有表哥，一同到城外去，沿河一路跑步，直到山上法华寺的门前，大家躺在地上听黄莺叫呢。"

"哪里会忘记，哪里会忘记。"父亲端详着发育得比去年更为充实的女儿的躯体，连声应答。他回转头来，移开掩在习字纸上面的字帖，又说：

"你在这里练字，选取这一本东西作范本，这是不错的。字确然应当练习。有些人以为在今日的时代，字是不用练习的了，那是错误的见解。不过同一练字，现在与从前目的不同，因而标准和方法也有不同。"

"现在与从前怎样不同呢？"近来热心于练字的志青不禁

脱口而出：他对于站在面前的那个中年人渐渐抱着亲切之感了。

慧修应和着说：

"爸爸，你今天本要在家里休息，不预备出去看望亲戚朋友，此刻随便给我们谈谈关于习字的话吧。"

乐华热望地看着那个中年人的脸，说：

"我也很希望听呢。"

"你们要我谈这个吗？好。我们大家坐了再谈。"

慧修的父亲自己坐了，见同学三个也坐了，便和缓地开言道：

"从前的人练习写字，目的在猎取功名，或者在成为书家。他们的写字和日常业务交涉较少，换一句说，就是和眼前的实际生活不发生多大的密切关系。他们在实际生活上并没有非写字不可的情形：往来的信件是很少的，发表文字的机会差不多没有，账单之类当然也不用开。因此，他们所悬的标准只是合得上考试的'格'，或者是'食古而化，自成一家'。而他们的方法呢，就是这样不限时日，毫无目的地书写，书写，书写，临摹，临摹，临摹。"

"我们不是正在这里临摹吗？"这样的一念同时通过慧修和志青的脑际。两人正欲开口，慧修的父亲继续说道：

"至于现在，除了极少数的人以外，谁也没有这样的暇闲了。生活和职业逼迫得你非每天执笔写字不可，而且所写的东

西都与生活和职业有着密切的关系，不能丝毫忽略。试想，写信不成个样子，抄写一篇文稿糊涂到叫人读不下去，开具账单又出了多处的错误，那关系的重大岂是从前人抄错了书、临不像碑帖所能比拟的？现在人写字的意义与从前人完全不同了；从前人写字是一种暇闲的消遣，是一种不可必得的'锦标竞赛'，而现在人写字却就是实际生活的一部分。既是实际生活的一部分，自当把从前那种超出实际的标准放过一边，而另外去求适合的标准。"

"适合的标准是什么呢？"慧修坐出一点，把臂弯支在膝上，手掌承着下巴。乐华和志青也都挺一挺腰身，凝着神听。慧修的父亲想了一想，说：

"我想现在人写字，该有四项标准，就是迅速、准确、匀整和合式这四项。现在人生活繁忙，做不论什么事情，都要讲时间经济，写字必须迅速是当然的。准确呢，就是写下字来没有错误的意思。随笔写错了字，自己不能发觉，以致误事，固是实际上的损害；而写错在先，后经发觉，于是涂抹的涂抹，填注的填注，拿出去竟不像一件东西，也是形式上的缺点。所以必须把准确作为写字的标准，落笔要自始到底没有错误。要达到这两项标准，只有随时留意，随时练习，一定的方法差不多是没有的。再说匀整和合式。匀整和合式是现在人写字美观方面的最低标准，仿佛一条水平线，够不上这条水平线的，就

拿不出去，因为拿出去会受人家的鄙视，至少也要引起人家的不快。要达到这两项标准，却有一些话可以讲的。"

慧修的父亲说到这里，从衣袋里取出纸烟盒和火柴盒来，点上吸了一口，把淡白的烟吐到空中，回顾着墙上一副狄平子所写的对联，重又说道：

"匀整可以分两方面来讲：一是每一个字本身笔画的匀整，二是全幅的字通体款式的匀整。每一个字的许多笔画虽不必长短均等，粗细一律，但也不可相差得太远。笔画间的空隙要匀称，须使多笔画的字不嫌其局促，少笔画的字也不嫌其宽松。你们看那条对子上的一个'作'字和一个'爱'字。"

三对眼睛一齐直望着那条对子。

"'作'字的人旁虽然略粗一点，与这边的'乍'字相比，却不见其臃肿。'乍'字的三画只上边的一画略长，下边的两画便长短均齐。再看，这'作'字的笔画何等少，只因各笔位置匀称，所以不觉得宽松。'爱'字的末了一捺比较粗，但因为在下面笔画稀少的部分，便觉正好。至于上部的三点，中部的'心'字，由于布置适宜，空隙就好像很舒畅的样子。"

慧修若有所悟地接着说：

"经爸爸这样说，对于这副看懂了的对子看出新趣味来了。你们看，上联的那个'诣'字，言旁的几横以及这边很难位置的一个'旨'字，每一笔都摆在最适当的地位，这一笔不迫近

那一笔，那一笔也不远离另外一笔：真是匀整到极点了。"

"那个'人'字也有意思，笔画少极了，可是一点不嫌稀疏。"志青吟味地说。

乐华也悟出了一点意思，他望着慧修的父亲说：

"我看那副对子十四个字个个稳当，好像一个人坐在椅子上很安舒的样子。"

"稳当，"慧修的父亲衔着卷烟点头说，"这个字眼用得很得当。你们要知道，字要笔画和空隙都匀称才会稳当；不然就像醉汉坐椅子，仿佛要跌翻的模样了。古来的碑帖和名家的手迹当然是稳当的；所以，慧修，你在这里临摹这本《黄庭经》是有益处的。现在，我们再说全幅的匀整，也可以看那副对子。"

慧修的父亲把烟蒂丢在灰盂里，舒一舒气，继续说道：

"上联'不好诣人贪客过'，下联'惯迟作答爱书来'。把每条七个字结合起来看，上下互相呼应，不偏不倚，距离也正好。再把两条结合起来看，左右好像很调和、很一致的样子。你们不觉得吗？这就是通体的匀整。写下字来如果单是各个匀整，而不能通体匀整，看去就觉得刺眼。在实际生活中，写字又常须连篇累牍的，所以你们练字，除了各个匀整以外，更须求通体的匀整。这也可以从碑帖方面得到益处。譬如，你们拿一本字帖来看，不只看它每个字怎样结构，还要看它上一字和下一字怎样联络，前一行和后一行怎样照应，这样多多留意，你们的眼睛就有了成竹了。当落笔的时候，更随时相度上下左右，总要把每一个字摆在最适当的地位，这样多多练习，你们的手腕就有了分寸了。眼睛和手腕一致，知其当然，又能实现这个当然，这样，你们的字就够得上水平线了。慧修，试把你刚才写的字拿来看。"

慧修站起来，把自己写的字送到父亲手里，就靠在他旁边，脸上略现忸怩的神色。乐华和志青偏过一点身躯，眼光都投到那带点黄色的八都纸上。

慧修的父亲看了一眼，又把那张纸送远一点，凝神再看，徐徐问道：

"你们看这六行的字，通体怎样？"

慧修抢着先说道：

"我知道第四行和第五行中间太疏阔了，看去便觉得不接气。第二行各个字接连得太紧密了，也和其他几行不一致。"

"慧修说得不错。"乐华和志青差不多齐声

127

说。

"你既看得出自己的毛病，以后就得注意手腕的功夫。写字究竟是一种技术，非加工磨炼不可的。"慧修的父亲这样说，就把手里的纸交还慧修，又说道：

"匀整是说过了，我们再来说合式。什么东西差不多都有通行的格式，不合格式，人家看了不习惯就会引起不快的感觉。书件也是这样，一种书件有一种格式：如抄写文稿，题目通常比正文低几个字，写一封信，对手和自己的名号都有一定的地位，如果用到两张信笺，第二张上就不宜只写孤零零的一行。北平某机关里用过一个高中毕业生的书记，教他誊写一件公函，他便不留天地头，不空出行间的空白，把大大小小的字铺满了三张信笺。这怎么送得出去呢？只好由别人重写。那个高中毕业生的饭碗就此打破了。"

"叫我们去写公函，饭碗也一准打破的。"慧修撒娇地看着父亲。

"照你这样练习下去，又随时留意各种书件的格式，那就只怕你抢不到饭碗，抢到了饭碗的时候，简直可以吃一辈子的了，哈哈！"那中年人的戏言里分明含有矜夸的意味。

"我要请问，"乐华说，"现在用钢笔、铅笔写字的人很多，我们作文、写练习簿，也常常使用钢笔。这与使用毛笔写字，应该注意之点想来没有什么不同吧？"

　　"有什么不同呢？在新兴的工商社会里，在一切都讲求快速的现时代，毛笔说不定会被淘汰干净的。但是，使用钢笔，铅笔写字，应当达到的标准还是我们刚才说的四项：迅速、准确、匀整和合式。——喔，我忘记说了，因为讲求快速，行书比楷书更多用处。你们须兼习行书才是。待我想，最好用什么本子呢？"

　　乐华望着那中年人的带褐色的和善的脸，心里想出到父亲的书柜里检一本字帖出来临摹的念头。

　　慧修忽然仰起鼻尖说：

　　"志青，你闻，什么香气，浓极了。"

　　志青嗅了一下，会心地微笑，说：

　　"什么地方的木樨花开了。"

十五　语汇与语感

　　自从四川的战争发生以来，乐华在家里日日盼望父亲的来信，一到校里就先到阅报室看报。平时不甚关心的内江、大足、新津等的四川地名与田颂尧、罗泽洲、黄绍缵等四川武人的名字，都一一地熟悉了。每次上课预备铃一摇，在阅报室中的学生都即把报纸放下就走，乐华常是最后走出阅报室的一个。

　　星期六下午，第二班国文课，照例是讲演的练习。王仰之先生处置讲演一课，有两种方法，交互参用。一是预先限定话题，指定讲演的人的；一是并不限定话题，临时叫一人自由讲演的。照顺序，本星期是自由讲演，全班的学生，除几个已经被指派

过以外，都在肚里预备着讲演的材料，恐怕被指派着。上课预备铃才摇过，教室中的空气已非常紧张了。

乐华走进教室时，见有许多人围绕着一个名叫杜振宇的同学。大文、志青，锦华，慧修也都在他座位旁。杜振宇今年十七岁，在全班中年龄要算最大，平日不多说话，一向未被大家注意。本学期以来，王先生好几次在课堂上称赞他作文有进步，上星期的作文，王先生评他是第一，把他的课卷粘在壁上叫大家阅看。于是他就成了全体同学目光的焦点了。

"请把你用功的方法告诉我们。为什么你的进步这样快？"胖胖的胡复初正在央求说。

"我自己并不觉得什么进步不进步，说不出什么来。"杜振宇谦逊谢绝。

"你的进步，一定不是偶然的事。能把经验告诉大家，是于大家有益的。前次乐华不是很坦白地讲过'触发'的题目了吗？"慧修从旁劝诱。

"咿呀，不是不肯说，实在无可说。"杜振宇搔着头皮回答。

"不要卖什么秘诀啊，哼！"

教室的一隅发出低微的讥诮声。杜振宇顿时脸红起来。大家回头去查究说这话的人时，王先生进教室来了，接着就听见上课的铃声，这才各人就位。

王先生从教室的空气中感到有些异样，问方才有过什么事。

志青立起身来说明方才的经过情形，且提出意见道：

"我们很想听听振宇的用功方法，今天的讲演，就请王先生叫振宇担任，好不好？"

"好！振宇，大家既然希望你讲，就讲吧，"王先生笑向振宇说，"你近来作文很有进步，我也颇想听听你的经验呢。"

振宇仍是搔着头皮，复初坐在振宇背后用手轻轻地推他起身，在他前面的慧修也回头向他使眼色，催他快上讲台去。全教室的人都把注意集中在他一人了。过了好一会儿，他才慢慢地立起身来走到讲台上。

振宇上了讲台以后，就态度一变，不再忸忸怩怩了，他很爽朗地开起口来。

"承先生及诸位同学说我作文有进步，要我把近来用功的经验讲给大家听，我自己觉得并没有十分用功，说不出什么有益于大家的经验来。我在这半年中自己比较注意的只有一件事，如果我的作文成绩果真有进步，这进步也许由这上面来的。现在待我讲出来，供同学们参考。"

"来了！"复初低声叫说，把身子竖得笔直，张了口好像预备去吞咽什么好吃的东西似的。其余的人也都怀着迫切的期待。

振宇把方才的一段话作了引言，略停片刻，又继续说道：

"这半年来我所注意的就是词类的收集和比较的一方面。

王先生屡次对我们说'文章的好坏，可从三方面来观察，一是文法上有无毛病，二是用词适当与否，三是思想的新鲜、正确、丰富与否'。思想内容是靠多读书多体验的。普通人只有普通人的思想，无法可求速效，只好终身修养。一般人平常所犯的毛病是文法的不正与用词的不当。试看《中学生杂志》的'文章病院'，凡是入病院的文章，所犯的病症差不多有十分之六七就是文法不正与用词和本来的意思不合拍。我写文章，于文法上虽一向尚能留意，但用词不当的毛病是常犯的。王先生在我的文课簿上曾好几次加着'用词未当'的批语。这才使我留意到词类的收集和比较上面去。

"我近来于读书或一人默想时，每遇一词，常联想到这词的相似或相近的词，使在我胸中作成一个系串。譬如说，见到'学习'一词，同时就想起'练习''研究''探讨''考究''用功'等词来，见到'怒'的一词，同时就想起'愤''恨''动气''火冒''不高兴''不愉快'等词来，见到'清静'的一词，同时就想起'干净''清淡''安宁''寂静''恬淡'等词来。我把这些一串一串的词在胸中自己细加比较，同一串的里面，哪个范围最广？哪个范围最狭？哪个语气最强？哪个语气最弱？——要弄得很清楚。这是我近来新养成的一个习惯。我在以前初读英文 ABCD 的时候，自以为在'研究英文'，对别人也会这么说，在作文的时候也会这么写。现在可不然了，我决不至

再把初读 ABCD 当作'研究英文'了，我一定会说'学习英文'或'练习英文'了。因为我已明白了'学习''练习'和'研究'诸词的区别了。我案上有一部词典，胸中别有一部词汇，每遇一个词，有未解时就翻词典，然后编入我胸中的词汇去，每用一个词，必在词汇中周遍考量，把适合的选来用。这就是我近来暗中在做的一种功夫。"振宇说到这里，把话带住。

大家听了振宇的话，才明白他进步的由来，不禁都暗暗佩服。在这番谈话上，振宇对于其他的同学俨然取得了先生的地位，全堂肃静得如王先生在讲话。乐华至于暂时忘去了在战乱区域中的父亲的事情。

"现在再把我做这功夫的诱因来说一下，前几星期乐华君讲过'触发'的话，我的做这步功夫，也可以说是一种触发的结果。"振宇又继续说。

大家总以为振宇的讲演已完了，及听他继续再说，都喜出望外似的重复凝神静坐，期待他另有发挥。

"同学中有几位是知道的，我家里光景并不甚好，衣服一向是马马虎虎的。自从进了中学校以后，终年都穿制服，平常单夹棉各种的长袍，就是布的也不完全了。有一次，记得是今年三月上旬，亲戚家里有喜事，非去道喜吃酒不可。那家亲戚是很旧派的人家。制服已脏得不堪，即使不脏，也不便着了去。家里长袍不全，母亲翻箱倒箧，寻不出一件合身合时令的衣服。

论季节是应着夹袍，我却不得已只好着了一件较新的自由布单袍去，那是前年秋季为了去送人家的殡裁成的，短得几乎及膝。我着了出门时并不觉得什么不好，一到喜庆人家，就不觉自惭形秽起来了。满堂的贺客之中，年老的都着驼绒袍子，年轻的或是衬绒袍或是哔叽的夹袍子，身段适宜，色彩材料也都和喜事很调和。我因这衣服的不称时地身段，就想到文章中的词类的事来了。俗语说：'富人四季衣穿，穷人衣穿四季'，衣服可以比喻词类，什么时地该着什么衣服，和文字中什么意思该用什么词，情形相似。衣服是要花钱做的，我们是穷人，不得已只好照了'衣穿四季'的俗语，用一件自由布长袍去送殡、去道喜，不论春夏，不论秋冬，都是它。至于文字上的词是无须花钱的，尽可照了富人对于'四季衣穿'的态度，尽量搜罗，使其恰合身段、时令与场所。胸中词类贫乏，张冠李戴，把不适切的词来用，等于把一件不合身段的自由布长袍单夹棉通用，喜吊都是它，怪难看的。我们做穷人的，衣服不周，常会被人原谅，不以为怪；至于词类是用以达意的，用得不适合，就要被人误会，我们自己的本意也就因而失去了。我们在衣服上或可甘心做穷人，在词类上却不妨是富人。诸君以为何如？"

振宇在同学的笑声中结束了讲演，回到自己的座位上。大多数的同学把他注视了一会儿，表示佩服。同时又把眼光齐向着王先生，看有什么说的。

　　王先生含笑对振宇看了一会儿，即转向大家说道：

　　"振宇的话很有道理，可以供大家参考。让我再来略加补充。振宇方才所讲的是关于语汇的话，语汇要求其丰富。我所谓丰富，比方才振宇所说的情形要更进一步。语汇是因了地方及阶级而不同的，某地方人有某地方的语汇，某种阶级的人有某种阶级的语汇，使用时要各得其所，才亲切有味。譬如说，'白相'是苏州人的用语，如果写入广东话或北平话中，即使意思

不错，就不相入了。学生口中常说的‘婚姻问题’，如果出诸不识字的乡间农妇之口，也就不对了。‘作弊’与‘揩油’，‘白相’与‘玩耍’，‘结婚’与‘成亲’，彼此意义虽同，情趣很有区别，这是值得注意的。我有一位朋友，他选择配偶，第一个条件是要同乡女子。别人问他为什么，他说如果不是同乡人，彼此之间谈话起来趣味很少，这话很妙。近来的白话文，在语汇上是非常贫乏的，因为它把各地方言的词类完全淘汰了，古文中所用的词类也大半被除去了，结果，所留存的只是彼此通用的若干词类。于是写入小说中，一不小心，农妇也喊‘革命’，婢女也谈‘恋爱’了。”

王先生的话，被全教室的笑声打断了。王先生摸出表来一看，急忙继续道：

“振宇方才所举的词类，似乎着眼只在普通用语，并未注意到语汇因地方与阶级而不同的一方面，这是该补充的一点。我们真要语汇丰富，只留意于普通用语是不够的，须普遍地留意于各地各种人的用语才好。此外，还有一种功夫应该做，就是对于词类的感觉力的磨炼。方才振宇说，他每遇一词，要连同相近的词作成一个系串，编入胸中的语汇去。用词的时候，要在同一系串中辨别其语气的强弱与范围的广狭，择最相当的一个来使用。这话很对。要做这步功夫，非对于词类有锐敏的感觉力不可。两个词的意义即使相同，情味常有区别。譬如说：

'他逃走了'，'他溜走了'，'逃'与'溜'虽都是走掉的意思，但情味很不一样。'老屋'与'旧屋'，'书简'与'信札'，有雅俗之分。'似乎俨然'没有'像煞有介事'轻松，'快乐'较'欢喜'来得透露显出。振宇方才用衣服来比词类，讲究衣着的人，不但注意到材料的品质，并且注意到花纹与颜色。讲究用词的于词的意义以外，还须留心到词的情味上。词的情味可从好几方面辨认，有的应从字面上去推敲，有的应从声音上去吟味。'书简'与'信札'的不同，似出于字面。'萧瑟'与'萧条'的不同，似由于声音。每遇一词，于确认其意义以外，再从各方面去领略其情味，这是很要紧的功夫。振宇只就词的意义说，似乎忽略了这方面，所以我再来补充。"

王先生随讲随在黑板上摘写要点，讲到这里，黑板上差不多已写满了字了。

"振宇，你可把这番话写出来到校刊上去投稿，题目是——"

王先生在下课时急忙对振宇这样说，同时在黑板前端空隙处加写了"语汇与语感"五个字。

十六 语 调

　　乐华已过了两个多月的铁工生活了。工厂为了训练职工，每日于工作以外晚上也有一小时功课，所教的是制图，计算公式及关于材料等普通的知识。乐华日里工作，夜里上课与复习，生活紧张得很。一到睡眠时间，就在上下三叠式的格子铺上甜酣地睡熟。初入工厂的几天，常在梦中见到父母在家里愁苦的情况，自己在学校里的热闹与快活。学校生活的梦不久就没有，自从接到父亲已入本市某报馆为记者的家信以后，连家庭的梦也不常做了。

　　同学们不时写信给乐华，有的报告学校近况，有的把国文

讲义按期寄给他，有的告诉他王先生或别的先生近来讲过什么有益的话。乐华虽在工厂里，却仍能间接听到学校的功课内容，颇不寂寞。

五一节工厂停工，乐华于清晨就回到家里，入厂以后这是第一次回家。身材已比入厂时高了好些，蓝布的短服，粗糙的手，强壮的体格，几乎使父母不相信这是自己的儿子了。儿子健壮快活的神情，使父亲得到了安心，使母亲减少了感伤。这日恰好是星期天，乐华于上午匆匆地去望先生们，饭后又到张家去探望姨母和大文。

大文家里有着许多客人，志青、慧修、振宇都在那里，正在谈论得很起劲，突然看见乐华来了，大家都惊跳起来。

"你来得正好，请加入讨论吧。"志青握着乐华的手时，觉得自己的手的光软，有些难为情了。

"你们在谈论什么？——今天是五一节，真凑巧，在这里见到许多朋友——好，让我去看看姨母再来。"几个朋友望见乐华工人装束的背影，面面相觑地默然了好一会儿。

"今天全世界不知道有多少工人在斗争啊！我们却在这里谈这样文字上的小问题！"振宇感慨地说。

"这倒不能这样说。我们所讨论的是文字的条理，条理无论在什么事情上都要紧，况且文字本身就是一种做事的工具。我们现在还是学生，不会做别的工作，如果连这种问题都不讨论，不是把好好的光阴虚度了吗？"志青说。

乐华急急地从里面出来，和大家重行一一招呼，问道：

"为什么这样凑巧，大家都在这里？——锦华不来吗？"

"今天是约定在这里聚会的，我们刚在讨论文句的调子呢。你一定有许多好的意见吧。志青，请你再来从头说起啊。"大文怕听关于锦华的话，急急地转换话题。

"我这几月来每日所听到的只是'叮咚叮咚'的打铁声和'轧拉轧拉'的机器声，"乐华说，"对于文句的调子，怕已是门外汉了。你们大家讨论，让我来旁听。"

"前星期王先生发出改好的文课，说全班作文的成绩都不错，只是有许多人语调尚未圆熟，文句读起来不大顺口合拍，叫大家注意。他在黑板上把我们的文字摘写了几句例子，一一加以批评，句调上确都是有毛病的。最后他提出了句调的题目，叫我们自己去研究，下星期六的讲演题目，就是'句调'。而且还说要在我们这里四个人之中临时指定一人去讲演，所以在这里急来抱佛脚啊。我们已把这题目关心了好几日了。各人担

任一方面，振宇所担任的是字，慧修所担任的是句，大文所担任的是音节，我所担任的是其他的种种。今天要召集各人的报告来作成一个大纲。振宇，你先来吧。"志青的话，一方面是对乐华说明缘起，一方面又是讨论的开场白。

"我所关心的是字的奇偶。我觉得中国文字有一个特性，是宜于偶数结合的。一词与别的词相结合时，如果不成偶数，就觉读来不易顺口。举例说，'父母之命'读来很顺口，'父命'或'母命'，也没有什么不顺口，如果改说'父母命'，读起来就有些不便当了。'办事'是顺口的，但在'办'字改用'办理'的时候，我们须把'事'字也改成偶数的'事务''事情'之类才可以。如果说'办理事'，就不大顺口了。这以偶数结合的倾向，白话比文言更明显，文言中'食'字可作名词来单用，白话中就非改作'食物'或'食品'不可。文言中的'道'字，在白话中已变作了'道理'，文言中的'行'字，在白话中已变成了'品行'或'行为'。王先生替我们改文章时，有几处地方往往只增加一字或减少一字，也许这就是调整语调的一种方法吧。我这几天仔细从各方面留意，似乎发现到一个原则，单字的词与其他单字的词相结合成为双字的词或句，是没有障碍的。如'吃饭''天明''家贫'之类都顺口。双字的词，如果是形容词，有的勉强可与单字的词相接，如'毛毛雨''师范部'，'恻隐心''藏书家'之类，有时非加'之'字，'的'

字不可，如'先生之道''寂寞的人''美丽的妻''写字的笔'，就都是要加字才能顺口的。至于双字的动词，大概不能与单字的词相结合。'翻阅书籍'是可以说的，'翻阅书'就说不来了，'抚养儿子'是可以说的，'抚养儿'就不成话了。我对于这问题，还想继续加以研究。现在所能报告的，就只这一些，不知大家听了怎样？"振宇说。

大家对于振宇的话都点头。

"慧修，你所担任的是句子排列上的注意，请你报告吧。"志青继续执行他主席的职务。

"一篇文字之中，有许多句子，这许多句子如果都是构造差不多的，读起来就嫌平板不调和了。譬如：这是大文的书房，我们假如作一篇记事文，记述这间书房的光景，倘然说'门在东面，窗在南面，床在北面，书架在西面。门外有一片草地，窗外有一座树林，架上有许多书籍，床旁有一只箱子。……'八句句子中，只有两种句式，一种句式各接连重叠到四次之多，读去就不上口了。这是关于句子的构造的话。还有，句子的末尾的作结，也有可以注意的地方。王先生前次在班上曾批评某人的文章是'了了调'，某人的文章是'呢呢调'，因为他们不知变化，动辄用'了'或'呢'来结束文句，所以读起来就不顺口了。要想文字的句调流利，句法须错综使用，切勿老用一种句式。关于句式，中国书上查不出一定的种类。我曾去请教

英文的张先生，他替我在修辞学书里查检，据说文章之中主要的句式不过三种：一种叫散句，例如'我要吃饭，穿衣，睡觉，读书，做工。'这种句子中间截断了一部也可成句的。一种叫束句，例如'吃饭，穿衣，睡觉，读书，做工，是我们生活上所不能缺一的。'这种句子如果截去了半截，意义就不完全。还有一种叫对称句，例如'世人以我为疯狂，我以世人为迷醉'，这是上下两截对称的构造。中国文字中的句式，究竟应分为几种，我想好好地加以研究。总之句式的错综使用，是调和句调的一种方法。我的报告完了。请大家加以批评补充。"慧修说罢，把眼光注视其余的人，尤其是对于乐华。

志青刚欲叫大文继续报告，乐华开口道：

"慧修的意见很对，但我觉得有几点要补充。古来的名文中，句式重叠的不少。我们读过韩愈的《画记》，其中就有许多重叠的句式，如'骑而立者五人，骑而披甲载兵立者十人，一人骑执大旗前立，骑而披甲载兵行且下牵者十人，骑且负者二人，……'这样下去，一连有二三十句，记得除第三句'一人骑执大旗前立'变换句式外，其余都是同样的构造。这篇文中有几段都是用着重复的句式的。又如新近你们寄给我的国文讲义中，王先生选着几首古诗，我曾在打铁的时候在肚里默念，读得很熟了。其中有一首题目叫《江南》的，那诗道：'江南可采莲，莲叶何田田。鱼戏莲叶间。鱼戏莲叶东，鱼戏莲叶

西，鱼戏莲叶南，鱼戏莲叶北。'七句之中，倒有四句句式重复。至于结束句子的助词，重复用一字的例子也很多。欧阳修的《醉翁亭记》差不多每隔数句都用'也'字作结。这种句式重复的文字能令人感到拙朴的趣味，作者似乎故意把重复的句调来叠用的。慧修方才说句式须错综使用，原则是对的，我觉得应加一个限制，就是说，除了有意义的重复外，句式及助词务使交互错综，勿叠用同一的句式及同一的助词。慧修，你道我的话对吗？"

"你给我补充得很好。名文中确常见到重叠的调子。鲁迅的《秋夜》中，就有'一株是枣树，还有一株也是枣树'的句法。因为一味着眼在句语的调和上，不觉把这一层很重要的反对方面忘却了。"慧修表示感佩。

"乐华在工厂里做工，选文比我们读得还熟哩！——现在轮到大文了。大文，你担任的是关于音节一方面，请你报告研究所得吧。"志青说。

"我所担任留意的是音节一方面。音节与文字的调子原有很大的关系，但在普通的文字上，似乎不必有什么规律。我们所写作的不是诗赋，不是词曲骈文，乃是日常所用的白话。平仄不必拘泥，只求适合乎日常言语的自然调子就够了。古文中尚且有'清风徐来'等全体用平声的句子，'水落石出'等全体用仄声的句子，何况白话文呢？一句之中平仄参用固然可以，

不参用也似乎没有什么不好。我想了许久，觉得只有一件事须注意，就是一句之中，勿多用同音或声音相近的字。我们幼时念着玩的急口令，就是利用许多同音字或声音相近的字编成的，念来很不顺口，听去也就很不顺耳。例如'苏州玄妙观，东西两判官，东判官姓潘，西判官姓管，潘判官不管管判官姓管，管判官不管潘判官姓潘。''管''潘''判''官'都是声音相近的字，混合在一处，所以念来容易弄错，急口令的特色在此。我们写普通文字，应该避去这种困难。在普通文字中，与其说'洞庭山上一条藤，藤条头上挂铜铃，风吹藤动铜铃动，风停藤停铜铃停'，不如说'洞庭山上一枝藤，藤枝顶上挂铜铃，风吹藤摇铜铃响，风止藤歇铃声停'，读起来比较容易。"

大文的话引得全室的人都哄笑了。

"对于大文的话，有什么该补充的地方没有？"志青勉强抑住了笑意这样问。又对乐华道："你一定会有好的意见吧。"

"我觉得大文的话忽略了一方面，应该补充。"乐华说，"也许是我在工厂里听惯了'叮咚叮咚'的打铁声和'轧拉轧拉'的机器声的缘故吧，我近来很留心同声母或同韵母的声音，方才大文说不可多用同音或声音相近的字。多用这种字，弄得文字像急口令，原不好，但两个字连用是不妨的。中国文字中叠字与声音相近的词类很多，如'茫茫''郁郁''萧萧''历历''寥寥'之类都是常用的叠字。至于声音相近的词类更多见，如'绸

缪''历落''缠绵''徘徊''零乱'之类都是常用的声音相近的字。这类的字，用得适当，不但无害于句调，而且能使句调格外顺利。诗总算是最讲句调的文字了，诗中就常用这类的字。方才古诗中'莲叶何田田'的'田田'是叠字。你们前次寄给我的选文中，有杜甫《咏怀古迹》五首，其中用着许多声母或韵母相同的字，如'泯灭''萧条''支离''朔漠''黄昏''漂泊'都是。我以为同音或声音相近的字面固宜避，但也不该一概说煞。两个同音的或声音相近的字，可以使句调顺利，是应该除外的。"

诸人都点头。

"我真糊涂，王先生前星期才讲过的,说这类的字叫作'联绵字'。为什么方才竟没有说进去呢？"大文说时很难为情的样子。

"哦，联绵字！这名词很有趣！我今天才听到。幸而大文提起。那么我所日日在听的'叮咚叮咚'和'轧拉轧拉'也都是联绵字哩。哈哈！"乐华心中所牢记的许多声音相近的词类忽然得到了一个归纳的

称呼，感觉到统一的愉快。

"现在要听你的报告了，志青。"乐华转向志青说。

"是的，现在轮到我了。字数，句式，音节，都已有人讲过。我所担任的是他们所剩下来的东西。这几天来我曾就句子的各方面加以留心，除了方才慧修和乐华所讲的几点外，还想到几件事。第一是句与句间的关系。一篇文字，是一句一句积成的，一句一句的语调虽然已没有毛病，可读得上口，若句与句间的关系不调和，连贯地读起来仍是不顺。王先生前次教我们读法，很注重上下文的呼应。我以为这呼应关系，犹如曲调中的板眼，在句调上很占重要的位置，大该注意。在字面上上句如果有'从前'字样，下句大概须用'现在'等语来与它相呼应。上句如果有'与其'字样，下句大概须用'不若'等语来与它相呼应。上句用'的'字结尾，如果下句性质相同，也该用'的'字结尾。譬如说，'这本书是你的，那本书是我的。'如果下句性质不同，就不然了。譬如说，'这本书是你的，我的书哪里去了？'诸如此类，要看了上文的情形去一句一句地写。关于这层，标点也该连带注意。因了上文所加的标点是'，'是'；'是'。'或是'：'，接上去的句子就各不同。我们作文的时候标点往往都在全篇写好以后再加的。我新近自己养成一个习惯，写一句就标点一句，下句依照了上句的标点去布置安排，有时想不出调和的句子去接，就把上句的标点改过，再想别的法子。我觉得这样写出来的文字，句调容易顺当些。大家以为怎样？"志青说到这里，用眼睛去征求乐华的意见。

乐华拍手表示赞许，其余的人也拍起手来。

"志青的话，使我们得到不少的益处。我才知道'学而时习之,不亦悦乎？有朋自远方来,不亦乐乎？'二句中用两个'不亦'与两个'乎'的理由。此外如'仁者，人也;义者，宜也。'等句的趣味，也领略到了。"大文说。

最长的初夏的日脚已近傍晚，可是书室中的几个青年书呆子却完全没有觉得。张太太到书室来，说要留乐华早些吃了晚饭去，已摆好了，叫大家都不要走，陪陪客人。

振宇、慧修、志青都立起来道谢。

"我的报告还未完呢。我想，句子的长短，也是与句调很有关系的。"志青待张太太走出书室以后说。

"我们一壁吃饭一壁谈吧。"大文把右手伸成一字形，邀大家人客堂去，"乐华，请你坐在上首，今天是'五一'节，你不但是客人，而且是工人哩。哈哈！"

十七　新体诗

张大文和周锦华两人从蜜恋到彼此不理睬，还是周乐华离开学校以前的事情。真是极其微细的一个起因，不过锦华要到图书室里去看新到的杂志，大文手头正有事做，说了一声"我不想去看"罢了。当时锦华负气，独自跑到图书室里，拿起一本新到的《现代》在手，呆看了半天，也不曾看清楚上面印着些什么。随后大文也来了，凑近她坐下，问她可有好看的小说没有，她便愤愤地说："你既不想来看，问我做什么！"大文才知道她动怒了，百般地向她解释，她只是个不开口。这使他耐不住了，恨恨之声说："你是什么心肠？人家好端端向你说话，你却理也不理，好不怄气！"锦华听了这个话开口了，她说："你去问问自己是什么心肠吧！又不请你到什么不好的地方去，你便推三诿四说不想去。无意的流露最显得出心肠的真面目，总之你不屑同我在一起就是了！"接着是一阵的争辩，直到铃声响了，两人才各顾各地走了出来。其时图书室并没有第三个人，所以这事情没有立刻被传开去，成为学校里的当日新闻。

第二天早上，他们两人见面了。好像有谁发出了口令似的，两人同时把头旋过一点，把眼光避了开去。这就是彼此不理睬的开端了，以后每一次对面就演这一套老把戏。渐渐地，这初恋的小悲剧被同学觉察了。有的就同他们开玩笑，说他们从前怎样怎样，现在怎样怎样，多方地揶揄。有的希望他们恢复从前的情分，特地把他们牵在一起，"仍旧握着手吧"。"彼此同时开口吧"这样从旁劝说。无论揶揄或者劝说，效果是相同的，就是把两个青年男女更隔离得远远了。他们觉得被揶揄的时候固然难为情，而被劝说的时候也并不好过，所以能够及早避开，不待面对面的时候才旋过头转过眼光，那是更好的事情。不久之后，当初的愤激在两人心头慢慢地消散了，这不可解的羞惭却越来越滋长，表现在行动上便是这一个到那里，那一个就不到那里。只有上课时候没法，两人是坐在同一教室里的，然而上课时候有教师在那里，没有人会向他们揶揄或者劝说的。"只怕彼此永远不再有交谈的机会了"，这样的想头，大文曾经有过，

151

锦华也曾经有过。这想头分明含着懊悔的意味，跟在后头的想头不就是"如果恢复了从前的情分岂不很好吗？"他们虽然这么想，可是总被不可解的羞惭拘束住，谁也没有勇气说一声"我们照常理睬吧"：这是一种奇妙的青年心理，为一般成人所不能了解的。

锦华怀着这样的心理度过半年多的光阴，作成了好多首的新体诗，写在一本金绘封面的怀中手册上。这些诗篇一部分是怀想往日的欢爱，一部分是希望将来的重合，而对于目前的对面如隔蓬山，也倾吐了深深的惆怅。她觉得这许多情思是无人可以告诉的，只有写成诗篇，告诉这一本小册子，胸中才见得松爽一点。于是屡次作诗，不觉积有三四十首了。这本小册子平时收藏得很好，从不给人看见。当举行暑假休业式的那一天，别的同学聚作一大堆，在那里谈论会考的风潮，锦华和慧修两个却在教室里整理零星用品，这本小册子才被慧修在锦华的小皮箱里发现了，乘其不备抢到手里，便翻

开来看。"你作了这许多的新体诗，也不给我欣赏欣赏。"慧修这样喊了出来。锦华立即要取还，可是慧修哪里肯还她。慧修说彼此的作文稿向来交换看的，新体诗稿无异作文稿，看看又何妨，锦华和慧修交谊原极亲密，这当儿忽然有一个新的欲望萌生在锦华的心头：她不但切盼慧修完全看她的诗，并且切盼慧修看透她作诗的心。她便和慧修要约：不可在学校里看，必须带回去看，又不可转移给旁的人看。这是很容易接受的条件，慧修都答应了，便把这本小册子放进印花白纱衫的袋子里。

慧修到了家里，一手挥着纨扇，一手按着小册子，眼光便投射到书面上去。只见题目是《校园里的石榴花》，后面歪歪斜斜写着一排诗句：

新染的石榴花

又在枝头露笑脸了，

鲜红似去年，

娇态也不差，

为什么不见可爱呢？

去年的花真可爱，

在绿阴里露出热情的脸儿来，

旁听甜蜜的低语，

保证不变的爱情，

她们笑了，

至今似乎还听得她们的笑声。

啊，去年的花真可爱！

"原来是回想她们当初的事情。"慧修这样想着，把书页翻过来，只见题目是《无端》，诗句道：

无端浮来几片黑云，

把晴朗的天空遮暗了。

无端涌来几叠波浪，

把平静的水面搅乱了。

黑云有消散的时候，

波浪也会归于平静。

但是，心头的黑云呢？

但是，心头的波浪呢？

慧修正想再翻过来看，忽见父亲走进室中来了，便爱娇地叫声"爸爸"。父亲新修头发。留剩的头发只有一分光景，差不多像个和尚。他舒快地抚摩着自己的头顶，走近慧修身旁问道："你刚从学校里回来吗？在这里看什么东西？"

慧修从没有想起刚才锦华不可转移给旁的人看的约言，却

下意识地把小册子合了拢来，拿在手里，站起来回答道：

"是周锦华作的新体诗稿。"

周锦华常到慧修家里来，慧修的父亲认识她的，他便带笑说道：

"她也爱作新体诗吗？"

慧修的父亲对于一般学艺，见解都很通达，唯有新体诗，他总以为不成东西。他也并不特地去关心这一种新起的文艺，只在报纸杂志上随便看到一点罢了；看到时总是皱起了眉头，不等完篇，眼光就跳到别处去了。此刻提起新体诗，不由得记起了前几年在报纸上看见的讥讽新体诗的新体诗，他坐定下来说道：

"我曾经看见一首新体诗，那是讥讽新体诗的，倒说得很中肯。我来念给你听：

新诗破产了！
什么诗！简直是：
啰啰唆唆的讲学语录；
琐琐碎碎的日记簿；
零零落落的感慨词典！"

"我们国文课也教新体诗呢。"慧修坐在父亲旁边，当窗的

155

帘影印在她的衣衫上。她从口气中间辨出了父亲菲薄新体诗的意思，故意这么说。

"这东西也要拿来教学生吗？真想不到。"

"教是教得并不多，两年中间也不过十来首。"

"这东西怎么好算诗，长长短短的句子，有的连韵都不押，只是随便说几句罢了。倘若这样也算得诗，我们每时每刻都在作诗了！"

慧修平时和父亲什么都谈，可是不曾谈到过新体诗，此刻听父亲这样说，心里不免想道：料不到父亲反对新体诗的论据，竟和一般人差不了多少。她自己是承认新体诗的，有时并且要试作几首，便用宣传家一般的热心告诉父亲道：

"我们的国文教师王先生是这样说的：诗这个名称包括的东西很多，凡是含有'诗的意境'的都可以称为诗。所以从前的古风、乐府、律句、绝句固然是诗，而稍后的词和曲也是诗，现在的新体诗也是诗，只要中间确实含有'诗的意境'。他又反过来说：如果并不含有'诗的意境'，随便的几句话当然不是新体诗，就是五言、七言地把句子弄齐了，一东、二冬地把韵脚押上了，又何尝是诗呢？爸爸，你看他这个意思怎样？"

"他按'诗的意境'来说，我也可以相当承认。但是既不讲音韵，又不限字数，即使含有'诗的意境'，和普通的散文又有什么分别？为什么一定要叫它作诗呢？"

慧修的父亲说到这里，抬眼望着墙上挂的对联，声调摇曳地吟哦道：

"不—好—诣—人～～贪——客——过——，惯—迟～～作—答～～爱～～书——来～～。你看，这才是诗呀！"

慧修不假思索，把纨扇支着下巴，回答道：

"关于新体诗和散文的分别，王先生也曾说过，他说诗是最精粹的语言，最生动的印象，普通散文没有那么精粹，所以篇幅大概比诗篇来得多；又并不纯取印象，所以'诗的意境'比较差一点。这就是诗和散文最粗略的分别。"

她停顿了一歇，更靠近父亲一点，下垂的头发拂着他的臂膀，晶莹的眼睛看着他的永远含着笑意的眉目，爱娇地说道：

"新体诗里有一派叫作'方块诗'，不但每行的字数整齐，便是每节的行数也是整齐的，写在纸上，只见方方的一块方方的一块，而且押着韵。"

"那我也看见过。一行的末了不一定是话语的收梢，凑满了一行便转行了，勉强押韵的痕迹非常明显。这样的东西我实在看不下去，看了几行便放开了。"

"这是受西洋诗的影响。"

"西洋的诗式便算是新的吗？"

"我们王先生也这么说呢。他说新体诗既不依傍我国从前的诗和词、曲，又何必去依傍外国的诗。新体诗应该全是新的，

形式和意境都是新的。"

慧修的父亲点着一支纸烟，吸了一口，玩弄似的徐徐从齿缝间吐出白烟，带笑说道：

"你们的王先生倒是新体诗的一位辩护士。那么，我要问你了，你们曾经读过比较好一点的新体诗吗？"

慧修坐正了，缓缓地摇动着纨扇，一只手把锦华的小册子在膝上拍着，斜睨着眼睛想念头；一会儿想起来了。

"我把想得起来的背两首给爸爸听吧。一首是俞平伯作的，题目是《到家了》：

　　卖硬面饽饽的，

　　在深夜尖风底下，

　　这样慢慢地吆唤着。

　　我一听到，知道到家了！

"北平地方我没有到过，但是读了这一首诗，仿佛看见了寒风凛冽、叫卖凄厉的北平的夜景。爸爸，你是住过北平的，觉得这一首诗怎样？"

慧修的父亲点点头，纸烟粘住在唇间，带点鼻音说道：

"还有点意思。"

"爸爸，你也赞赏新体诗了！"慧修推动父亲的手臂，满脸的劝诱成了功的喜悦。"再有一首题目叫作《水手》，刘延陵作的，那是押韵的了：

> 月在天上，
> 船在海上，
> 他两只手捧住面孔，
> 躲在摆舵的黑暗地方。
> 他怕见月儿眨眼，
> 　　海儿掀浪，
> 引他看水天接处的故乡。
>
> 但他却想到了
> 石榴花开得鲜明的井旁，
> 那人儿正架竹子，
> 晒她的青布衣裳。

"这一首诗印象极鲜明生动，我非常欢喜它。"

"'石榴花开得鲜明的井旁，那人儿正架竹子，晒她的青布衣裳。'"慧修的父亲低回地念着，神情悠然，说道：

"这倒是很有神韵的句子，念起来也顺口。像那一首《到家了》，意境虽还不错，只因没有音韵的帮助，我总觉得只是

两句话语罢了。"

"我听王先生说，作新体诗的人虽不主张一定要押韵，但自然音节还是要讲究的。那些上不上口的拗强的话语固然不行，便是日常挂在嘴边的普通话语也不配入诗，必须洗练得十分精粹了的，音节又和谐，又自然，才配收容到新体诗里去。"

"只怕能够这样精心编撰的新诗人不多吧，只怕比得上刚才这两首诗的新体诗也不多吧。"慧修的父亲还是表示着怀疑。

"我们学校的图书室里，新体诗集也有好几十本呢。我是批评不来，不能说有几本好几本不好。不过既然出了诗集，里头总该有几首可以看看的。"

慧修说到这里，忽然想起了编辑《抗日周刊》的时候，每次开投稿箱看，投稿的十分之六七总是新体诗。

"爸爸，你还不知道，我们学校里有很多的新诗人呢，有的写新体诗充作文课，有的投寄到报馆和杂志社去。"

"作得像样的不多吧？"

"不多。听王先生批评，加以赞美的很少。"

"投寄出去，不见得被录取的？"

"也有被录取的，不过数目很少。大多数大概到字纸篓里去了。"

"你也去投稿了吧？"父亲用善意的探测的眼光望着慧修。

慧修只怕自己试作的新体诗给父亲看见了被说得一文不

值，便连试作新体诗的事也否认了。她用上排的牙齿嗑着下唇，摇一摇头，笑颜回答道：

"我是连作都不作的，哪里会去投稿呢？"

"你们中学生无非是小孩子罢了，却大多要作诗，新体诗实在太容易了！"父亲忽然转为感叹的调子。

"关于新体诗容易不容易的话，王先生是常常说起的。他说你们不要把新体诗看得太容易了。他说随便把几句话分行写在纸上，如果没有'诗的意境'，那是算不得诗的。他说'诗的意境'的得到并不在提起笔来就写，而在乎多体验，多思想。这些话我们差不多听熟了。"

"这些话确是不错，从前作诗的人也是这么主张的。"父亲说着，捻弄着上唇的髭须。

"但是王先生并不反对我们作新体诗。他说你们的生活经验有限，好比小小的溪流兴不起壮大的波涛，作不出怎样好的新体诗来是不足为奇的。他说从前许多的诗人，他们起初执笔的时候，难道就首首是名作吗？他说你们只要不去依傍人家，单写自己的意境，就走上正路了。"

"他倒是很圆通的。"

"我们的王先生真是圆通不过的，他从不肯坚执一种意见，对于什么事情都说平心的话。同学个个和他很好呢。"

"在他的意思，你们将来也许会成为新体诗的杜工部、李太白。"

慧修抿着唇点点头，然后柔声说：

"不错，他说过这样的话。"

"在目前，新体诗的杜工部、李太白是谁呢？"

"王先生说目前还没有。不过他说，新体诗从提倡到现在，才只有十几年的历史，便要求有大诗人出现，未免太奢望了。他说旧体诗的历史多么长久，然而大诗人也只有数得清的几个呀。"

"哈哈，他对于新体诗的前途完全是抱着乐观的。"

慧修说得太起劲了，更矜夸地说下去：

"对于一般新体诗作得不见怎么好，他也有解释的。他说好诗本来像珍珠一样并不是每采取一回总可以到手的。他说从前的诗人像杜工部、白香山、陆放翁，作的诗都非常之多，然

而真是好的也只有少数的一部分，又何怪现在的新体诗不见首首出色呢？"

父亲沉吟了，他想到杜工部一些拙劣的诗篇，又想王先生这个话也是平心之论。一时室中显得很寂静，只听窗外树上噪着热烈的蝉声。

忽然父亲的眼光射到慧修手里，他说道：

"周锦华的新体诗作得怎样？拿来给我看看。"

"爸爸，请你原谅，她和我约定，叫我不要给别人看的。"慧修脸红红地说，执着小册子的一只手便缩到了背后去。

十八　推　敲

　　乐华在利华铁工厂的训练班里渐渐被认为高才生，受到几个指导教师的奖赞。这原不是什么可异的事。一般练习生大都是高小毕业的程度，有几个连高小也没有毕业，而乐华却在中学里读了一年半，并且平时不是马马虎虎的，自然会在侪辈里头露出头角来了。他所画的图样有好几幅堂皇地悬挂在教室里，遇到需作记录或者报告的时候，指导教师又常常指派着他。因此，在同学的眼光里，他差不多是次于教师的可以请教的人物。几个用功一点的人便包围着他，询问这个，讨论那个，他虽然觉得繁忙，精神上却是很愉快的。

　　一天晚上，夜课完毕以后，乐华正预备回到宿舍里去，却给一个叫宋有方的同学喊住了。

　　"乐华，慢一点走，请教你一件事。"

　　"什么事？"乐华回转头来，窗外射进来的月光正照在他的脸上。

　　"我做了一篇文字，想请你替我修改一下。"

　　在训练班里并没有国文的功课；但是这班练习生离开了学校，却从实际经验上感到了读写技能的需要，于是买一些借一些书籍来阅读，更自己拟定了题目练习作文。其中越是用功的几个越嫌得空闲时间太缺少了，从前那样什么事都不做，只是阅读呀，写作呀，游戏呀，运动呀，真成为遥远的旧梦；而且，近旁没有可以请教的人，一切差不多都在暗中摸索，也是非常寂寞的事。宋有方这一篇文字是在夜课之后就寝以前写的，连续写了三四个晚上，才算完了篇。他自己不知道中间有什么毛病，心想乐华或者可以给他一点帮助，故而请乐华替他修改，这还是第一次呢。

　　"什么题目？"乐华接宋有方的稿纸在手，见第一行写着《机械的工作》五个字，又问道：

　　"你在这一篇里说些什么话呢？"

　　"我说机械的工作比人快，比人准确，工人的职务只在管理机械。这个意思当然很平常，然而是我自己的经验，所以把

它写出来，借此练习作文。不过一下笔困难就来了。几句话同时在脑子里出现，不知道先写哪一句好。平常说话说了就算了，似乎没有什么疑问，现在要把话写到纸面上去，这样说好呢还是那样说好，疑问便时时刻刻发生了。还有，要把一种比较复杂的东西说明白真是不容易。这一篇里说起自动车床，想了好久才写下去，我自己觉得还是没有说明白。"

说到这里，宋有方用诚挚的眼光看定乐华，恳切地说：

"谢谢你，破费一点工夫，替我修改一下吧！我就知道哪一些地方不该这样说，应该那样说，更要知道为什么不该这样说，应该那样说。这并不要紧，随便什么时候交还我指点我好了。我没有先生，我把你当作先生吧！"

乐华紧紧执着宋有方的手，回答道：

"把我当作先生的话，请你千万不要说，你要这样说，便是拒绝我的效劳了。我所知道的，我所能够看出来的，一定尽量告诉你。"

宋有方的眼睛里放出欢喜和感激的光，重复地说：

"谢谢你！谢谢你！"

乐华便转身向电灯，看宋有方的文字：

一般人站在精美的机械旁边，赞美道："机械真像个活人，不过是用铁铸成的，不是由血和肉生成的。"

机械比人强得多了。这个话是不对的。机械倘若和人一样，用人好了，用机械做什么？机械工作比人快，又比人准，力量又大到不知多少倍。

机械不止有两只手。人只有两只手。人要机械有几只手，就可以做得它有几只手。

两种工具，人不能同时一同拿。机械便能够同时一同拿，就是几十种工具，也可以同时一同拿。

同时一同做两件事情，人是办不到的，一壁拉锯，一壁推刨，大家办不到的。这样的工作，机械办得到。

我们只要看自动车床好了。我们把铁棒装上去，机械就前前后后做着工作。三把粗凿子把铁棒做成一根螺丝杆，三把细凿子把螺丝修好。一把专做螺丝头的凿子做成螺丝头，一把刻螺丝的凿子把那一头也刻了螺丝。末了一把切刀切一下，螺丝棒切下来了。这些动作快得很，眼睛总没有那样快。

一件工具做着工，别件工具并不等的。这架机械共有九件工具，九件工具是同时一同工作的。切刀切第一根螺丝棒下来的时候，刻螺丝的凿子正做第二根，专做螺丝头的凿子也正做第二根，第三根在细凿子那里，第四根在粗凿子那里。

人能够做这样的工作吗？不能的。

我们工人做什么呢？我们只需把铁棒装上去，做好了螺丝杆，拿开去。这样看来，机械反而像个老手的工人，我们

工人反而像个助手了。不过不同，机械像个老手的工人究竟没有心思，我们工人像个助手然而有心思，机械要用我们的心思去管理的。

乐华看罢，带笑向宋有方说道：

"你这一番话说得很有意思。待我细细看过几遍，替你修改好了，明天晚上一准交还你。"

"明天晚上吗？"宋有方虽然说过并不要紧，但听得明天晚上一准交还的话，不禁高兴得涨红了脸。

第二天晚上，训练班的功课完毕，同学都走散了，只乐华和宋有方留在课室里。窗外的月色和前一天一样地好，秋虫声闹成一片。

乐华将宋有方的原稿和另外一份稿纸授给宋有方道：

"你这一篇分段很清楚，只是有些话嫌得累赘，有些话却含糊不清，又有些字眼用得不很适当。凡是我所能够看出来的都替你改了。因为勾勾涂涂看不清楚，索性另外写了一份在这里，请你先看一下，再来给你说为什么要这样改。"

宋有方欢喜万分，眼光落在乐华的改稿上，是铅笔写的二三十行行书：

一般人站在一架精良的机械旁边，往往赞美道："真像

一个铁铸的活人。"

这个话是不对的。倘若机械只和一个人一样，那么人为什么要用机械呢？机械比人强得多了：做起工作来比人敏捷、准确、有力到不知多少倍。

人只有两只手。但是机械可以如人的意，人要它有几只手就有几只手。

人不能同时拿两种工具。但是机械不要说两种，就是几十种也可以。

人不能同时做两件事情，一壁拉锯，一壁推刨，是谁也办不到的。但是机械办得到。

我们看自动车床好了。把铁棒装上去，机械就顺次做着工作。先是三把粗凿子把铁棒做成一根螺丝杆，接着三把细凿子把螺丝修整。于是一把专做螺丝头的凿子把一头做成螺丝头，一把刻螺丝的凿子把另一头也刻上了螺丝。这就只剩末一步的工作了：一把切刀把做好了的螺丝杆从铁棒上切下来。这些动作都是很快的；我们在旁边看，眼睛总跟不上车床的动作。

这架机械使用九件工具。一件工具做着工，别件工具并不停在那里等。原来九件工具是同时工作着的。切刀把第一根螺丝杆切下来的时候，刻螺丝和专做螺丝头的凿子正做着第二根，细凿子正做着第三根，粗凿子正做着第四根。

人能做这样的工作吗？

站在机械旁边的我们工人干些什么呢？我们只需把铁棒装上去，把做好了的螺丝杆收拾起来罢了。这样，机械好像熟练的工人，我们工人反而像个助手了。不究竟有点不同，因为那熟练的工人并没有意识，一切须由助手管理、指挥的。

"太费你的心了。其实就在我的稿纸上修改好了，何必全体誊一过呢。"宋有方看完了，眼光还是逗留在纸面上。

"这并不费什么事的。"乐华和宋有方并肩站着，一只手帮他执着稿纸，说道：

"我们把两份稿纸对比着看吧。先看第一段。'精美'和'精良'意义虽差不多，可是'精美'比较偏在形式方面，形容一件艺术品或者一间房间的陈设，那是很适合的。现在形容一架机器，不只说它的形式，连它的工作效能都要说在里边，那就用'精良'来得适合了。你那句赞美的话太啰唆。现在我替你改为'真像一个铁铸的活人'。意义并没有减少，然而简练得多了。"

宋有方只顾点头，眼光在原稿和改稿上来回移动着。

"我们再看第二段。要说那样赞美的话是不对的，应该紧接第一段，在第二段开头就说。你却先说了'机械比人强得多了'，再说'这个话是不对的'，就成为否认'机械比人强得多

了'这句话了。不是和你的原意正相反背吗？因此，我替你把'这个话是不对的'提前，把'机械比人强得多了'移后，作为叙说机械的好处的总冒。你的原稿叙说机械的好处连用两个'又'字，累赘而没有力量。试辨一辨看，说'做起工作来比人敏捷、准确、有力到不知多少倍'是不是好一点？"

"唔，好一点。——不止好一点，好得多了。"

"第三、四、五三段都是说人只有什么，只能怎样，而机械远胜于人；所以这三段的形式应该相同，都得用一个转折连词，现在我一律用了'但是'。话语我都替你改得简练了。第三段的说法尤其要注意，似乎比你的说法稳健了，你觉得吗？

还有，'同时'和'一同'意义相近，叠用在一起便是毛病，单用'同时'好了。

"第六段的第二句你用了一个很不适当的副词，便是'前前后后'。我们说'前前后后围着河道'，或者说'前前后后都是敌兵'，可见'前前后后'是一个表示方位的副词，在这里是用不到的。你原来是顺次的意思，为什么想不起'顺次'这两个字来呢？"

"经你说破，我也知道应该说'顺次'的了。可是当初脑子弄昏了，无论如何想不起这两个字来。"

"你写自动车床的动作，没有把先后的次序提清楚，就好像各种动作是同时并做的了。你看我替你加上了'先是''接着''于是''这就只剩末一步的工作了'，不就把各种动作的次序说明白了吗？你昨天说，自己觉得没有说明白，原来毛病就在这些地方。"

"不错，照你替我改的看来，就很明白了。"

"第六段的末了是一句含糊的句子。上面说'这些动作快得很'，下面为什么忽然说到了'眼睛'？又为什么说到了'眼睛'的快慢？粗粗看去，意思是可以懂得的，越加细想便越糊涂了。现在我替你加上了一句'我们在旁边看'，点明白是去看这些很快的动作，然后接上去说'眼睛'，便不嫌突兀了。'眼睛总跟不上车床的动作'和'眼睛的动作总没有车床那样快'意义

相同，但前一个说法用了'跟不上'，话语就比较灵活有趣味了。"

"第七段仍旧说自动车床，所以我把'这架机械……'这一句提在前头。其余都是些小改动。第八段的'不能的'可以省去，因为这种反问无须回答，谁都知道'不能的'了。

"末了一段说我们工人把螺丝杆拿开去，并不切当，我替你改为'收拾起来'。前一个'反而'是多余的。'老手'改为'熟练'，似乎意义周密一点。末一句也犯啰唆的毛病，照我这样说，已经很明白了。"

宋有方索性坐了下来，把稿纸铺在桌子上，埋着头反复细看，回味乐华所说的一切。歇了好一会，才抬起头来，热望地说：

"隔几天我再作一篇请你修改，可以吗？"

"当然可以。"乐华亲切地握住宋有方的手。

青纱一般的月光披在他们两个的肩臂上。

十九　最后一课

这一课是最后的国文课了，下星期起，便开始举行毕业考试。王先生走进了教室，声明他不再做正式的讲授，希望大家对于国文一课，随便谈谈。他不像平日那样安详，他的感情有点激动，神态之间流露着惜别的意思。三年的聚首，父子兄弟一般的亲密，无所不谈，无所不了解，可是从今以后至少要疏阔一点了。想起这一层，谁能不感到异样呢？

同学间起初谈着毕业考试。大家的意见，对于学校里的考试并不感觉恐慌，只有会考却有点为难。他们不知道自己的程度比旁的学校的学生怎样，如果落在人家的后头，或者竟有几

科考不及格，那岂不很糟。

　　一个学生忽然说：

　　"你们没有留心今年年头上海市中学毕业会考的国文题目吗？叫作什么《礼义廉耻国之四维论》。我去会考倘然遇见这样的题目，只有交白卷完事。我不知道这样的题目该怎样下手呀。"

　　慧修带笑回顾那发言的同学，说道：

　　"该怎样下手倒有人说过了，《中学生杂志》的五月号里有振甫的一篇文字，就讲到这一层。不过上海市这个题目是出给高中学生做的，我们初中学生想来不会遇见这样的题目吧。"

　　王先生听了他们的话有所感触，他举手示意，随即发言道：

　　"你们去会考遇见怎样的题目，确是料不定的。这须看出题目的人如何而定。出题目的人如果是懂得教育的意义的，自能出适宜于你们的题目给你们做；如果是随随便便的人，那么你们就有遇见古怪生疏的题目的机会了。不过，你们的程度我知道得最亲切，依照你们的程度，即使遇见了古怪一些、生疏一些的题目，及格的分数总可以得到的。"

　　他这样说着，眼睛放出欣慰的光辉，似乎表示他三年间的勤劳的成功。但是一会儿他的眼光又显得非常严肃，声音沉着地说：

　　"会考到底不是什么紧要的事，只要应付得过去，能够及格，这就好了。紧要的还在于学习了各种科目，是否真能充实你们

自己，是否随时随地可以受用。这是成功与失败的标准，你们学习一切，都可用这个标准去考量自己，从而知道自己是成功还是失败。现在单就国文一科，你们各自考量一下吧。"

全堂沉默了一歇，志青开口说：

"要精密地考量，那是很不容易的事。因为国文和旁的科目有性质上的不同：旁的科目像算学有什么什么几种确定的算法，像历史、地理，有史事和地方作为确定的材料；然而国文完全不是这么一回事。学习算学,那些算法都学会了,学习历史、地理，那些材料都明白了，能不能受用且不要说，至少可以说一句我们充实了；然而对于国文就很难说，国文根本上没有那样确定的尺度呀。"

王先生点头表示赞可。志青继续说：

"精密地考量固然不容易，而粗略地考量却又谁都能够的。我们只需把现在的自己和初到这里的时候的自己比较一下就行了。试想我们初到这里的时候，看惯的只是一些儿童的读物，写惯的只是一些浅近的话语。我们很少有综合的能力，看了一页书就只是一页书，难得有独自的发现。我们又不免有文法上的错误和修辞上的缺点，时时劳王先生给我们在作文本上打上种种的符号。我们对于我国的文学差不多一无所知，历代文学的主潮是什么，一些大作家的作品是怎样，都是从不曾梦见的事。但是现在，我们能够看各种的书了；看一般的报纸杂志几

乎可以说没有问题，对于各科的参考书也能利用了工具书去对付；我们又约略懂得了一点演绎和归纳的方法，应用了这等方法我们居然有我们的心得，可以写下读书笔记来。至于写作方面，啊，王先生，你的好处将使我们永远忘不了，你在这方面给我们指点，真是无微不至，你不但传授我们一些知识，你更注意于养成我们的习惯；因此，不是我今天在这里夸口，我们一班同学可以说个个达到'通顺'的地步了。最近一年间，你又从文学史的见地选一些文章给我们读，我们虽没有读过一本文学史，但是对于我国的文学已认识了一个大概的轮廓；近来那些文学杂志上常常提起'文学的遗产'这个名词,我们很荣幸，手掌里也有了一部分的遗产了。各位同学，我所说的是不是实际的情形？"

一堂同学都不作声，只是欣喜地、感激地望着他和王先生，算是给他个肯定的回答。

王先生用手巾拭着前额的汗，眼注着志青说：

"我如果有什么好处，那也只是我的本分，当不起'永远忘不了'这一类感激的话头的。我不希望你们永远不忘记我的好处，我只希望你们永远不忘记我这一点对于你们的真诚！刚才志青说的话确是实情，我可以给他作保证；这是你们自己努力的报酬呀。你们得到了这样的报酬，我也可以自慰，总算三年间的勤劳并没有换来个失败。不过，我对于志青的话还要作

进一步的说法。"

全堂同学都凝一凝神，准备听他的致辞。

"照志青的说法，看书能力有了，写作达到'通顺'的地步了，手掌里承受了一部分'文学的遗产'了，换句话说，就是对于国文这一门功课做得差不多了。但是，学校里所以分设各种科目原为着教学的便利起见，最终的目的还在于整个生活的改进。这一点必须认识得清楚；否则就将陷于错误，认为为有国文科目而学习国文，为有算学科目而学习算学。这样，学习各科岂不等于无益费精神的傻举动吗？我不是说志青就有这种错误的认识；我只是说对于某一门功课既已做得差不多了，就该离开了这门功课的立场来考核自己，看整个生活是否因而改进了多少。单把国文这一门来说吧，看书不只限于看国文课内指定的几种书，也不只限于看各科的参考书；须要从此养成习惯，无论去经商，去做工，总之把行动和看书打成一片，把图书馆认为精神的粮食库，这才能收到莫大的实益。再说写作，当然不只限于文课以及应考试的作文，这些都只是习作，没有多大的意义。但是我也不是要人人做文学者，大家都从事于创作；文学者不是人人能够做的，须视各人的生活、修养以及才性而定，并且，事实上也没有人人做文学者的道理的。我只是说对于写作既已学习到了相当的地步，就该让这写作的技能永远给你们服务；无论是应用之作，或者兴到时所写的一篇东西、一首诗，

总之用创作的态度去对付，要忠于自己，绝不肯有半点的随便和丝毫的不认真。文学者固不必人人去做，然而文学者创作的态度却是人人可以采取的。惟能如此，才真受用不尽呢。"

王先生说到这里，又拭了一下额汗，并且改换了站立的姿势，以解因天气骤热而感到的疲劳，然后继续说：

"再说到接受'文学的遗产'。几篇著名的文篇读过了，几个有名的文学家约略认识了，历代文学的源流和演变也大概有数了，这自然是很好的事。但是，如果单把这些认为一种知识，预备在大庭广众之间夸耀于人，以表示自己的广见多闻，那就没有什么意义。原来所谓接受'文学的遗产'是别有深远的意义的。先民的博大高超的精神，我们要从文学里去领会；历代的精美的表现方法，我们要从文学里去学习：换一句话，文学是我国文化的一部分，我们要把它容纳下去，完全消化了，作为我们的荣养料，以产生我们的新血肉！这意思你们了解吗？"

王先生的眼光里流露着热诚，向全堂同学一个个看望，切盼大家的回答。

全堂同学差不多个个抿着嘴唇，点一点头，也用热诚的眼光回望着他。在衷心深深激动的时候，这种神态是一个最适当的回答，比较用几个字眼说一句话来回答切挚得多了。

复初在点头之后发言道：

"王先生这一番话正好作三年来教我们国文功课的序言，

179

在今天最后一课说给我们听，尤其有深长的意义。我们自当终身不忘，永远受用。我毕业以后不再升学了，家长的意思要我去投考商业机关，我有点儿懊丧，以为从此至少要和各种功课疏阔一点了。现在听了王先生的话，便好似受了一番热切的安慰。我知道只要我自己不和各种功课疏阔，各种功课决不会和我疏阔的。"

大文接着说：

"我想我们从前的确有点错误。虽然并没有明说，但是在我们的下意识里，不免偏于'为有国文科目而学习国文，为有算学科目而学习算学'。现在经王先生点醒了，不再升学的人倒不必措意，因为再没有什么特设的科目摆在面前了；而升学的人却必须特别牢记，要使一切科目与生活打成一片，那才是真正的'升学'。我是预备升入高中的，所以想到了这一层。"

听了大文的话，王先生忽然有所触发，随即说：

"你们在初中毕了业，有的升学，有的就业，所走的路途各各不同。此刻不妨'各言尔志'，在国文方面预备怎样具体地进修？我刚才说的不过是抽象的意见呀。"

于是有人说将来预备当小学教师，拟从事儿童文学的创作；有人说拟特别用心，精读某一位文学家的专集，因为他爱着这一位文学家；慧修却说她拟在诗词方面多做一点功夫，她近来很欢喜图画，她相信诗画相通之说是有道理的。更有几个人说

升学是无望了，就业又没有路向，下半年大概是坐在家里。那时候虽然也可以读书作文，做一点切实的功夫，然而精神上的不安定必然非常难受的。

下课的铃声响起来了。

王先生不由得感喟地说：

"那真没有法子！现在要下课了，我教你们的课算是完毕了！"

全堂同学站起来行礼，目送王先生走出教室，感到一种怅然的况味。众人陆续地走到廊下，见一个校工手里拿着一封信，迎上来说：

"这里有一封信，给你们三年级的。"

锦华接信在手，看到封面的字就认识了，她喊道：

"是乐华的信！"

她随即拆开来，许多同学围绕着她一同看：

诸位同学：

你们快要毕业了。我虽不悔恨我的中途退学，但对于你们的毕业却表示真诚的欣慰。

你们的毕业式在何日举行？大概已经确定了吧？希望早日告诉我。到那一天，我要向厂里请一天假，去参加你们的毕业式。我有一点意见预备贡献给你们，请分配给我十分或一刻钟的演说时间。在听受教师、来宾致辞的当儿，也听一听一个工人的话，我想你们一定很乐意的。

周乐华